Birgit Heid

Wegzehrung

Zwischen Inn, Chiemgauer Bergen und Königssee

Haibun

1

Bibliografische Information der Deutschen Nationalbibliothek
Die Deutsche Nationalbibliothek verzeichnet diese Publikation in der
Deutschen Nationalbibliografie. Daten sind im Internet unter
http://dnb.d-nb.de abrufbar.

Haibun (jap. 俳文 für possenhafte Schilderung) ist eine Mischform
der japanischen Literatur. Die Überschrift kann Anspielungen ent-
halten. Die Skizzierung eines Erlebnisses wird erweitert durch
Anklänge an Dichter oder philosophische Gedanken. Das Haiku, das
Kürzestgedicht mit zwei offenen Bildern, soll nicht erklären, sondern
weitere Aspekte aufwerfen.

Birgit Heid, Autorin von Lyrik, Haiku, Haibun und Märchen ver-
öffentlichte neun Gedichtbände und ist mit ihren Texten in zahlreichen
Anthologien vertreten. Erste Vorsitzende des Literarischen Vereins der
Pfalz e.V. und Mitglied der Deutschen Haiku Gesellschaft e.V..
Bashôs Buch „Auf schmalen Pfaden durchs Hinterland" und ihre
eigenen Erlebnisse zwischen Inn, Chiemgauer Bergen und Königssee
inspirierten sie zu dem vorliegenden Buch.

Copyright und Bilder: Birgit Heid, D-76829 Landau.
Herstellung und Verlag: BoD - Books on Demand, Norderstedt
ISBN: 978-3-749-43467-1
21. März 2019

Birgit Heid

Wegzehrung

Zwischen Inn, Chiemgauer Bergen und Königssee

Haibun

Die Tempelstätte Nikkô

Am Ersten des IV. Monats gingen wir, um dem ehrwürdigen
Tempel-Berg von Nikkô unsere Verehrung zu erweisen. In alten
Zeiten bedachte man ihn mit den Schriftzeichen FUTA-RA
(„Doppel-wild", auch Nikô gelesen). Aber Großmeister Kûkai
hat anlässlich der Gründung des Tempels die Schreibung in
Nikkô („Der-Sonne-gleich-strahlend") geändert. Ob er dessen
tausendjährige Zukunft schon vorausgeahnt hatte? Jedenfalls
strahlt sein erhabenes Licht über den „ganzen Himmel" und
seine Gnade ergießt sich in alle Acht Himmelsrichtungen, so
dass alle vier Stände in ihren Wohnstätten in Frieden leben
können.
Da kann ich vor tiefer Ehrfurcht nur den Pinsel niederlegen.

Wie verehrungswürdig!
Zarte Blätter – grüne Blätter
von Sonnenstrahlen durchglänzt …

Matsuo Bashô (1644-1694)
aus „Auf schmalen Pfaden
durchs Hinterland" (1702),
5. deutsche Auflage 1985

Inhalt   Seite

Anreise

Ruckeln

Wir packen unsere Koffer und Rucksäcke. Kleidung für jedes
Wetter, Wanderschuhe, Schreibblock und Fotoapparat sowie
Bücher und Kopien von Dichtern aus der Region. Unser kleiner
Garten wird von den Nachbarn versorgt werden. Morgen fahren
wir mit dem Zug über Ebersberg und Wasserburg in den
Rupertiwinkel.
Bist du bereit?, fragst du mich.
Ja. Doch sag mir, ist die Vorfreude eine Tochter der Hoffnung?

Maiglöckcheninsel
ein Wiedersehensfest
hinter den Bergen

Unantastbar

Ebersberg. Hier stand einst ein Benediktinerkloster. Im Zentrum die Sebastianskirche mit lichtem, barockem Innenraum. Beeindruckend das hölzerne Stiftergrabmal und das riesige Christopherusfresco. Der heilige Sebastian war römischer Soldat und Märtyrer. Er galt als Pestheiliger und Schutzpatron für viele Leiden und Berufe. Bis heute finden Wallfahrten statt. In der Kapelle steht das Heiligtum! Die silberne Büstenreliquie mit Sebastians Hirnschale, die sich seit 931 hier befindet. Wenn man den Silberhut abnimmt, erscheint die in Silber gefasste Hirnschale. Auch sie kann man mit einem flachen Knopf vom Schädel abheben. Früher tranken Pilger mit Silberröhrchen in Form von Sebastianspfeilen aus der Schädelkalotte Wein, der alle Krankheiten heilen sollte.
Aus Ebersberg stammt der Dichter Friedrich Beck. Auf einer Bank lese ich einige Gedichte von ihm. So galant und voller Gefühl!

Ruhe still
das nächtliche Schweben
der Uferelfen

Guter Fang

Abends in Wasserburg. Wir jubeln beim Anblick der Altstadt im Inn-Salzachstil auf der Halbinsel einer Innschleife. Ringsherum Kirchen, alte Türme und historische Gebäude. Die Marktkirche und das Rathaus mit Stufengiebeln. Hier wohnte eine Zeitlang die Pfälzer Dichterin Martha Saalfeld. Und der Schriftsteller Rudolf Herfurtner wuchs hier auf. Das warme Licht der Dämmerung durchströmt Altstadt und Inn.
Am nächsten Morgen der Skulpturenweg. Kunst und Ruhe im Gegenlicht des Flussufers. Vornehmes Plätschern im Gleichklang meiner Atemzüge.
Im Stadtmuseum. Das bronzezeitliche Fischerdorf, die romanische Rundsiedlung, Salzhandel seit dem Mittelalter. Die Burg und Burgkapelle auf einer Anhöhe am Beginn der Innschleife. Wir besteigen den Aussichtsturm. Rundum die grünen Baumreliefs der Hügel.

Schlüsselloch
der Fluss rauscht
durch die Sonne

Im Dorf I

Junge Katzen

Über Mühldorf im schwülen Zug nach Kirchanschöring. Allmählich nähern wir uns den Alpenblicken. Vom Bahnhof über ein Waldsträßchen und an Maisfeldern entlang. Da, die Häuser! Der Dorfrand. Die Unterkunft. Die Hausleute sind auf dem Hof beschäftigt. Das Gästehaus steht offen, auch unsere Wohnungstüre ist nicht verschlossen. Im Zentrum des kleinen Schlafzimmers ein mit Eisenranken verziertes Doppelbett. Nach der herzlichen Begrüßung der Rundgang durch den Bauernhof.

Spinnenecke
wir zählen die
Kälber

Mittagstau

Die Bäuerin erklärt uns den Fußweg zum See. Der große Geräte-
schuppen an der Wegkreuzung. An der Wiese entlang. Auf dem
Trampelpfad zur schmalen Einstiegsstelle mit Bank, einer
jungen Esche und zwei Booten. Der breite, im Wind rauschende
Schilfgürtel. Bleßhühner und Haubentaucher, Graugänse, ein
paar Ruderboote auf dem Waginger See. Am gegenüberliegen-
den Ufer steigt ein Kiefernwäldchen an, drüben die Kirche
Maria Mühlberg. Die erste weitere Erhebung ist der Teisenberg.
Im Hintergrund der Untersberg, ein kleines Stück des Latten-
gebirges, Hochstaufen und Zwiesel. Stille vor dem erhebenden
Anblick. Wir steigen in den frischen See.

Was ich nicht suchte
        nach dem Ablegen
                werde ich zur Welle

Dreieck

Dorfspaziergang durch Wolkersdorf. Ich zähle fünfundzwanzig
Häuser und Höfe und schätze insgesamt fünfhundert Kühe und
Kälber. Ein winziger Laden mit einer freundlichen Inhaberin. An
Kreuzungspunkten befinden sich kleine Plätze: an der Stelle
einer früheren Gaststätte eine Bushaltestelle und ein dreißig
Meter hoher Maibaum, an dem Platzkonzerte stattfinden. Weiter
unten bei dem Schafshof ein gemauertes und geschmücktes
Marterl. Der dritte Platz ist unterhalb des kleinen Geschäftes.
Hier steht eine Kapelle. Am Dorfende wohnt die Honigfrau, mit
der ich mich gut unterhalte. Dahinter die Feierhütte, der Treff-
punkt für Jung und Alt. Ausgedehnte Wiesen, Fichten, Ahorn,
der Schilfgürtel, der Waginger See.

Familiengeschichte
in der Schubkarre
das tote Kalb

Weihe

Mittags alleine im kühlen See. Die dahinziehenden Wolken und
der Bergwald spiegeln sich. Ich schwimme linker Hand in die
nächste Bucht zu einer ausladenden alten Trauerweide. Doch
eine Gänseschar ist vor mir an der Reihe. Das Sonnenlicht trifft
den breiten, knorrigen Stamm des Baumes und lässt die ins
Wasser ragende Uferwurzel leuchten. Ich denke an die Erd- und
Muttergöttin Demeter, deren Tochter Persephone dem Mythos
nach in den Wintermonaten zu Hades in die Unterwelt ging. Die
Trauerweide nahm Demeters Kummer auf. Im Mittelalter galt
der Baum als Hexenbaum.

Zwei große Fische
eintauchen
in das
Buch
des
Meisters

Aufgestöbert

Der Heuboden über den Kuhställen ist dunkel. Die Treppe
schmal und steil. In Nischen und Ecken die Lagerplätze von
Ziegeln, Streusäcken und Geräten. Rechts hinter einer Türe
lagert die Gerste. Linkerhand ein unebener, dunkler Gang zum
großen Strohlager. Deckenhohe Stützgerüste. Durch eine Dach-
luke dringt fahles Licht. Ein Bodenloch dient zum Abwurf des
Strohs in den Stall. Mein geblitztes Foto zeigt das Staubgeflim-
mer in der Luft. Eine Katze rennt erschrocken davon.

Zigarrenqualm
hab Acht vor dem
Nachbarn!

Fallen

Einkaufen im Krämerladen. Man erzählt sich Wichtiges aus dem
Dorf und der Umgebung. Eine Bäuerin kam ins Krankenhaus,
weil sie sich bei der schweren Pflege ihrer Mutter eine Wirbel-
verschiebung zugezogen hat. Eine Operation wird unumgänglich
sein. Auf die Mithilfe eines Familienmitglieds verzichten zu
müssen bedeutet für die übrige Familie eine große Umstellung.
Eine Helferin wird erforderlich sein.

Eulennest
im Herbststurm fiel
die Thuja

Zwei Spatzen fliegen knapp an meinem Kopf vorbei, ich spüre
deutlich ihren Luftzug. Abends tost der Wind über die Hügel.
Die Haustüre klappert. Der Aschenbecher rutscht vom Fenster-
sims, spuckt seinen Inhalt aus und rollt davon. Die Spatzen ha-
ben sich in Büsche und Bäume verzogen. Eine Katze rennt in
den Kuhstall.

Nachtlichter
ich falle über die
Kante

Vielleicht

Die Frage meines Freundes an die Bäuerin nach ihrem größten
Wunsch, wenn sie zwei Stunden Zeit hätte. Sie überlegt eine
Weile. Ihre frühere Vorgesetzte im Blumengeschäft würde sie
gerne besuchen. Deren Ehemann verstarb vor ein paar Wochen.
Die Hofarbeit können wir ihr leider nicht abnehmen. Was uns
eint und was uns trennt, hier fällt mir der Gedanke vor die Füße.
Mir kommt der Traunsteiner Dichter Georg Unterbuchner in den
Sinn, der lyrische Mystiker.

> Neu beginnen
> wir flechten Körbe
> groß und klein

20

Go lightly

Vollmondnacht.
Weil die Temperaturen auch
am späten Abend angenehm sind,
beschließen wir, nachts ein Bad im
See zu nehmen. Mit einer Taschenlampe
ausgestattet am feuchten Wiesenweg entlang
bis zur Einstiegsstelle. Drüben die Lichter des
Campingplatzes Schwanenplatz. Auf der Bank
landen unsere Kleider und rasch geht es in den
pechschwarzen See. Der Mond steht noch tief
über dem Schilf. Unsere ruhigen Schwimm-
züge verleihen dem Mondlicht luftige
Fahnen auf dem Wasser. Ab und zu
ein Vogelplatschen. Die Stille.
Auf der Bank einen
Liebestrunk.

Frühstück bei Tiffany
unsere exzessiven Nächte

Gardinen

Wanderung über Hausen mit seiner Nagelfluh-Kapelle,
Dürnberg mit schönen alten Bauernhäusern, und Herrnöd, hier
stehen Totenbretter. Weiter nach Kirchanschöring-Hof zum
Bauernhofmuseum. Franz Huber ist der liebenswürdige und
geschichtskundige Hausherr. Neben den vielen landwirtschaft-
lichen Arbeitsgeräten und Traktoren im großen Stall beeindruckt
die Dampfdreschmaschine. Und die schönen alten Häuser! Ein
Einfirsthof mit Mittertenne und Hakenschopf. Ein zweigeschos-
siger Getreidekasten aus dem 16. Jahrhundert. Ein kleines
Waschhaus samt Backofen und Brechelbad, früher zur Trock-
nung von Flachs genutzt. Nach dem Trocknen wurden die Pflan-
zen aufgebrochen, um die Fasern zu gewinnen. Das Haus wird
bis heute als Backofen verwendet.

Spinnrad
vereinzelt blühen noch
Apfelbäume

Richtung Chiemsee

Wohin?

Aufbruch in die weitere Umgebung. Wir wandern Richtung
Tengling. Hinter dem Kneippbecken beginnt der Seewald des
Tachinger Sees. In einem Marterl das viel zu große Jesuskind.
Links hinter Bäumen und Büschen der silbrig glänzende See.
Unser Weg wie in einem grünen Tunnel. Ein paar Karpfenteiche.
Der Wald öffnet sich und gibt den Blick auf die Hügel frei.
Am Wegrand erste Blüten des Mädesüß. Früher ein Gewürz für
Honigwein. Bei den Kelten die heilige Pflanze der Göttin Danu.
In der Sonnwendnacht wird sie gesammelt und lichtbringend ins
Haus gehängt.
Im kleinen Seebad in Tengling sind nur die Spatzen zu Gast. Mit
den Füßen im kühlen Sand. Die Berge umrahmen den See.
Hinter uns gleich oberhalb die kleine mittelalterliche Wallfahrts-
kirche St. Coloman auf dem St.-Rupertus-Pilgerweg. Die
Schmiedeeisentüre ist verschlossen.

Räuspern
an der Weggabelung
deine Frage

Horus

Von Tengling nach Burg. An einer Wegkreuzung am Waldrand hat eine Familie des Ortes eine hölzerne Kapelle errichtet. Die Wände aus geschlichteten Scheiten aufgebaut, das Dach aus Brettern gezimmert. Jesus und die Muttergottes modern geschnitzt. Ein Duft nach Harz und Buchenholz. Eine innere Flamme.

Ende der Kindheit
einen Silber...　　　...ring für die
Jungfrau Maria

Die frühere Burg Tengling wurde im 12. Jahrhundert in die Kirche Maria Burg umgewandelt. Reste von Votivbildern. Wandmalereien. Gottvater wirft Pfeile auf die Sünder, Jesus bittet um Gnade, Schutzheilige mit Salzfass und Dom, und Königin Maria mit einem Schutzmantel über den Menschen. Petrus und Paulus halten die Seiten des Mantels. Du schmunzelst über den Olymp.
Hinter der Kirche geht es zur Biberschwell, einem keltischen Kultplatz mit heiligem Wasser.

Wegweiser

Über Mönchspoint nach Törring. Das Dorf besteht seit 1250
Jahren, die Kirche Sankt Vitus ist 500 Jahre alt.
Weiter in die Salzach-Stadt Tittmoning. Die Karolinger und die
Salzburger Bischöfe spielten eine wichtige Rolle. Ein Stadtfest
wird vorbereitet. Mein „Servus" den Grenzpolizisten, die förm-
lich zurück grüßen. Der lange Marktplatz, von bunten Häusern
im heimischen Stil umsäumt. Auf der mittelalterlichen Burg
über der Stadt plätschert ein Brunnen unter der Linde. In einer
Nische hockt ein lachender Buddha. Das Wallfahrtskirchlein
Maria Ponlach mit Gnadenbild und heiliger Quelle.
Hier lebten die Schriftsteller Joseph-Ernst von Koch-Sternfeld
und Ludwig Leitl, von dem am Laufener Tor ein Denkmal steht.
Der Mundartdichter Josef Wittmann ist hier zu Hause. Hier
würde ich auch gern wohnen, denke ich. Wir müssen zum
Bahnhof, sagst du.

Ebenbild Gottes
der Rasierspiegel
ohne Gesichtskennung

Knistern

Der Himmel zieht sich zusammen, verdunkelt sich, Sturmwind
und Gewitterregen, als wir nach Burghausen fahren. Hier jedoch
nieselt es nur noch. Die weltlängste Burg vor uns! Eine Siedlung
schon in der Bronzezeit. Diese grandiose Baukunst! Bei der
Durchquerung der Gehöfte wird mit jedem Schritt die Geschich-
te um einige Jahre zurückgedreht. Vom neunzehnten Jahrhundert
bis zurück ins Hochmittelalter. Die innere Schlosskapelle gehört
zu den ältesten frühgotischen Kirchen in ganz Südbayern. Sie
gefällt mir sehr! Das Foltermuseum lässt gruseln. Im Schergen-
turm wohnt zeitweise der Schriftsteller historischer Romane
Philipp Vandenberg. Lange betrachten wir im Eingangsbereich
die Ausgrabungsstellen.

Gefangen
sind wir
uns

Vorüber

Eine Kaffeepause auf der Bierbank vor einem Burgkiosk hoch über der Stadt. Viele Stufen steigen wir hinab zum historischen Stadtplatz. In einer Nebenstraße ein Konflikt zwischen Mutter und Kind. Weiter zum Gymnasium am Salzachufer, wo ein Piano-Konzert in der barocken Aula der Schule stattfindet. Blaues Licht versetzt die weißen Stuckverzierungen in eine Nacht- und Weltraumanschauung. Quirlige Kaskaden und sanft wechselnde Rhythmen. Nachtfahrten stelle ich mir vor. Die Einsamkeit, das Träumen und Nachdenken, turbulente Erinnerungen, Verlustängste, aber auch vertraute Geräusche und das Bei-sich-selbst-Ankommen während einer langen Reise durch die Dunkelheit.

Weit gefahren
es verweigert den Besuch
beim Vater

Glaube

Burghausener Stadtpark, eine Nagelfluhwand und Blumengär-
ten, wir gehen Richtung Hechenberg. Über verwunschene Pfade
zu den aufgelassenen Steinbrüchen. Eine Hausruine. Blühende
und duftende Holunderbüsche.
Der dicht bewaldete Hechenberg, althochdeutsch "Höhenperch",
ist eine Endmoräne aus der Eiszeit. Auf dem Gipfel die Küm-
merniskapelle der Märtyrerin Wilgefortis. Ihr soll nach Gebeten
ein Bart gewachsen sein, um einer erzwungenen Verheiratung zu
entgehen.
Der Heidenstein, ein Gesteinsblock und eiszeitlicher Findling.
Ein Kultort und Blutopferplatz der Kelten. Psst! Ich höre Geräu-
sche! Deine Fantasie geht mit dir durch, sagst du.
Unser Weg führt uns zu einem Waldtümpel mit Seerosen. Ein
Frosch springt von einem Blatt, fast ohne Geräusch.

Steine klopfen
eine Schraube gefunden
ruft er

Schuld

Wanderung zum nahen Salzach-Prallhang. An den steilen Ufer-
wänden sind Gesteine der Riß- und Würmeiszeit aufgeschlossen.
Quergeschichtet liegen sie übereinander. Felsabstürze aufgrund
der Ufereinschneidung.
Über den Kreuzfelsen wird eine Legende erzählt. Vom Todes-
sturz eines vom Verlobten verlassenen Mädchens. Der Reumüti-
ge auf dem Gestein beim Blumenpflücken für seine tote Braut.
Der sich bewegende Fels, der ihn die Salzach stürzte. Das Kreuz
auf dem Felsen, das die mitternächtlichen Seufzer endlich zum
Erliegen brachte.
Wir steigen den Steg hinunter in die Salzachschlucht. Fast nur
die Geräusche des Wassers und einiger Vögel. Eine eiszeitliche
Höhle lässt an Mammutjäger und Höhlenbären denken.

Zelt

auf der Sandbank

meine Freundschaft mit einer Wanderratte

Seitenwechsel

Auf die österreichische Salzachseite. Durch Dörfer, Wälder und
der Salzach entlang bis zum Mündungsbereich des Inns. Die
weite Wasserlandschaft! Uferwege am Inn, Sandbänke ragen aus
dem Fluss. In Ranshofen das große Klosterstift aus dem 9. Jahr-
hundert.
In Braunau. Das augenfällige Neorenaissance-Rathaus und viele
historische Häuser. In einer Kunstschmiede-Galerie sind Lam-
pen, fein gearbeitete Schilder und Gartenobjekte ausgestellt.
Hitlers Geburtshaus. Er lebte nur drei Jahre hier. Erst 2011 wur-
de seine Ehrenbürgerschaft aberkannt! Wegen der hohen Enteig-
nungskosten wurde das Haus noch nicht abgerissen. Um das
Bauwerk wäre es schade. Das Mahnmal wirkt schlicht. Welche
Bedeutung liegt diesem Fleckchen Erde zugrunde?
Wir besuchen den Soldatenfriedhof aus dem 1. Weltkrieg und
das Bademuseum unter dem Stadtarchiv. Eine gut erhaltene,
gemauerte mittelalterliche Badestube mit mehren Abteilungen.

Kopfschütteln

der Widerhall in mir

genügt

Seit jeher

In Altötting auf dem Platz vor der Gnadenkapelle und der Stifts-
pfarrkirche. Hier waren die Urnenfeldkultur, Kelten, Römer, Ba-
juwaren und Germanen zu Hause. Karolingische Königspfalz.
Die Heilungswunder im Spätmittelalter. Welch ein kultischer
Ort!
Hunderte Votivbilder umgeben die Gnadenkapelle. Deren dunk-
les Inneres und die berühmte schwarze Madonna! Ich denke an
die schwarze Darstellung der Göttermutter Kybele und der
Göttin Isis. Und an die germanische Perchta.
Die Stiftspfarrkirche ruht auf den Fundamenten einer Klosterkir-
che. Auf einer Schrankuhr in der Kirche bewegt sich seit der
Pestzeit der „Tod von Altötting" und senst im Takt der Uhr.
Viele andere sakrale Gebäude in der unmittelbaren Umgebung.
Auch der Autor Andreas Altmann stammt aus Altötting.
Mir ist schwindelig, sagst du. Im heißen Topf auf dem Tisch
schwimmen wohlschmeckende Weißwürste.

Urkraft des Shuttle
wir werfen den leeren Tank ab
und verglühen

Befreiung

Auf einem Pilgerweg nach Mühldorf. Ich besuche den Dichter-
freund Fried. In seinem Haus essen, trinken und erzählen wir.
Nachmittags spazieren wir am Innufer entlang. Altstadtbesuch
mit seinen reichen Erklärungen. Vom Haberkasten zum lustigen
„Jagd-Museum". Kontrastreich die alte Pfarrkirche mit romani-
schem Turm und barockem Innenraum. Zur Zeit Bashôs wüteten
hier Krieg, Pest und Brand. Die Hexenverfolgung ist ein Thema.
Das alte Rathaus mit seinen holzvertäfelten Sälen und dem
Hexenkammerl, in das wir hineinsteigen dürfen. Im Weltladen
als Mitbringsel ein mundgeblasenes Trinkglas.

Letzte Hexe
sie kämpft noch immer
um ein Mahnmal

Ferne Tritte

Abends nach Ampfing und zum Palmberger Kirchlein auf der
Anhöhe über dem Isenmoos. Den schmalen Fußpfad von der
Isenbrücke zum Palmberger Kirchlein gibt es schon lange. Seit
einigen Jahren ist er ein Kreuzweg. Stelen und Pfeilersäulen aus
hellem, porösem Juramarmor. Es sind Haltestellen auf dem
Lebensweg, von der Quelle auf die lichte Höhe. Zum Grabmal
des Dichters Martin Greif. Er wurde in Speyer geboren. Ich lese
seinen *Bergsee* und das *Herbstgefühl*.

Meine Hülle
Staub
aus der Ewigkeit

Messer

Nach Stein an der Traun. Die bedeutendste Höhlenburg
Deutschlands. Das Hochschloss über der Felswand wahrschein-
lich seit der Römerzeit, als Gebäude seit dem 11. Jahrhundert,
war ein Rittersitz. Auf dem Burgberg Ausgrabungen aus der
Hallstattzeit.
Die Höhlenburg aus dem 15. Jahrhundert, ein in den Fels ge-
hauenes Kammer-System mit Verbindung zur Hochburg und zur
Traun. Die Stiegen sind steil, die Gänge schmal, die Räume
dunkel. Verliese und Folterkammern, die große Rüstung, die
Küche und der Brunnenschacht. Das Ritterleben und die Kreuz-
züge. Die Legende vom Heinz vom Stein aus der Familie der
Törringer Ritter.
Das Unterschloss ist heute ein bekanntes Internat.

Wehranlage
der Widerhall meiner
Worte

Schwanenpaar

In Seeon schlendern wir über die Insel, durch die lichten Ge-
bäude der barocken Klosteranlage, in die helle Kirche mit den
zwei Zwiebeltürmen, in den geometrisch bepflanzten Innenhof.
Auf der Terrasse nehmen wir die stille und stilvolle Umgebung
des Anwesens und des Wasserparks in uns auf.

> Kalligrafieseminar
> die Gedanken hinter den
> fremden Buchstaben

In der Nähe die spätgotische Marienkirche. Ihre Schlichtheit
lässt mich in frühere Jahrhunderte sinken.

> Hochzeitsmesse
> der Priester fällt
> aus dem Rahmen

Hier lebte eine Zeitlang der Wildwasserfahrer, Schriftsteller und
Fotograf Herbert Rittlinger, ein Anhänger der Freikörperkultur.

Aus dem Rahmen eine Nackte zelebriert den Frühling

Treiben

In Truchtlaching das Flussbad an der Alz. Eine blitzsaubere Wiese vor und zwischen den Bäumen. Die Menschen wissen um ihr Kleinod. Wir legen uns unter die Linden. Vier Steinstufen zur Alz hinab. Der Fluss strömt kühl. Am anderen Ufer die Kirche St. Johann Baptist. Herrlich, bis zur anderen Flussseite zu schwimmen! Sich einen halben Kilometer lang bis zur Ausstiegsstelle vom Fluss treiben lassen. Libellen bevölkern das Schilf. Am Flussgrund windet sich ein Aal uns entgegen. Welch ein glücklicher Moment! Vom Ausstieg aus wieder zurück zum Liegeplatz. Jungen und Mädchen springen von der Brücke. An einem langen Baumseil jenseits der Brücke schwingen sie sich in den Fluss. Einer springt gar vom Baum.

Chill dei Gsicht!
Beim Warten wächst
die Gänsehaut

Sonnenbrand

Mittags am Chiemsee. In Seebruck unter der Brücke fließt die
Alz ab. Hier war das spätrömische Kastell. Wir wandeln durch
das Römermuseum „Bedaium", zu einem keltischen Gehöft in
Stöffling, zum römisch-norischen Gräberfeld und zu einer
römischen Darre an der Römerstraße.

Lanzengeklirr
sie kocht ihm
seine Leibspeise

In einer schmalen Bucht der Nachmittag am Seeufer. Links eine
kleine Schwaneninsel, Möwen schreien und am Schilfrand
stehen Reiher. Segelboote in der Ferne vor der Fraueninsel. Die
dunstverhangenen Berge auf der anderen Seeseite. Weite nach
mehreren Richtungen.

Moon Light River
manchmal habe ich Angst
um ihn

Kantig

Auf dem Kulturspaziergang in Breitbrunn am Dorfweiher. Die
Gegend war in der Jungsteinzeit besiedelt. In der Wolfsberger
Straße arbeiteten unter Hans Werner Richter die Autoren der
Gruppe 47, die sich 1947 gründete. Ilse Aichinger war eine von
ihnen. Sie schrieb ein Gedicht über Breitbrunn. Vor wenigen
Jahren verstarb sie. Rast am Ufer der Halbinsel Urfahrn. Hier
wohnten der Schriftsteller Felix Schlagintweit und der Landauer
Maler Eugen Croissant. Zu Hause hängt ein kleines Bild von
ihm.
Die Aischinger Höhe in Gstadt ist ein herrlicher Aussichtspunkt!
Der Blick auf den See, auf die Inseln und die Alpenkette! Viele
Maler lebten und arbeiteten hier.

Frage nach der Heimat
die Bewohner sagen
das Gras ist gewachsen

Weihwasserkessel

Mit dem Schiff zur Fraueninsel. Wie lange sehnte ich mich
danach! Der Turm des Klosters Frauenwörth rückt näher! In den
Gärten werkeln Frauen, alte Männer flicken ihre Fischernetze
und pflegen die Ruderboote auf schmalen Stegen. Durch die
karolingische Torhalle, den ältesten Hochbau Süddeutschlands,
zum ehrwürdigen Kloster. Geheimnisvoll das dunkle Gebäude
mit seinen Arkadenreihen. Klosterkirche und Glockenturm aus
der Gotik. In einem Schrein die Gebeine und der Schädel der
Seligen Irmengard aus dem 9. Jahrhundert. Eine Enkelin Karls
des Großen, die Patronin des Chiemgaus und für Kinderwunsch-
erfüllung. Auf dem Friedhof die Grabstätten der Schriftsteller
Felix Schlagintweit und Max Haushofer jr.. Dessen Ehefrau
Emma war Frauenrechtlerin und erfolgreiche Schriftstellerin.
Zwei tausendjährige Linden stehen in der Inselmitte in einem
Hain. Ein Fischer bietet geräucherte Renken an.

Wir gehören uns
was sonst der Himmel
alles weiß

Bleiben!

Mit dem Schaufelraddampfer nach Herrenchiemsee bei heißem Frühsommerwetter. Die Ausstellung im Schloss zeigt die Lebensgeschichte Ludwigs II. Er wohnte nur wenige Tage hier. Aufgrund seines Zahnleidens war er meist nachts unterwegs. Das Schloss blieb unvollendet. Die hohen Schulden! Seine Bausucht! Für uns Heutige ein Glück. Der überschäumende Prunk, der mysteriöse Keller, die Parks! Mit seinem Tod kann man sich heute noch beschäftigen. Ein Wall im Wald deutet auf eine Keltenschanze hin.

Parsival
im byzantinischen Palast
ein Psychiater

Das Kloster Herrenchiemsee ursprünglich aus dem 8. Jahrhundert ist das älteste bayerische Kloster. Im Speisezimmer entwarf 1948 der Verfassungskonvent das Grundgesetz der Bundesrepublik Deutschland! Die Gemäldeausstellung der Maler vom Chiemsee, die lichten Räume, das mundgeblasene Fensterglas! Verschwommene Segelboote unter blauem Himmel.

Das Lämpchen
am Rande eines
Flohmarkts

Rausch

In Übersee war ich einmal als Jugendliche mit meinen Eltern
und Geschwistern gewesen. Ich sehe mich nach dem Gästehaus
um, das ich aus der Erinnerung kenne. Vielleicht dieses?
Wir besuchen das weiße historische Exter Haus. Julius Exter,
1863 in Ludwigshafen geboren und 1939 hier gestorben, ein
berühmter und einflussreicher Maler. Der Blumengarten! Der
Wintergarten und die kunstvollen Balkonbalustraden! Die Bilder
erst!

Liebeskummer
das Trocknen der Farben
auf der Leinwand

In Feldwies an der Uferpromenade entlang zu einem der bewirt-
schafteten Badestrände. Auf Liegestühlen lassen wir genussvoll
den Tag ausklingen.

Smalltalk
die Sonne versinkt
im Cocktailglas

Chiemgauer Berge

Zitronenlimonade

Lange Wege zur Kampenwand. Durch einen fast trockenen
Geröllbach, an blühenden Wiesen vorbei. Auf Saumpfädchen
kommen uns Kühe entgegen. Die Steinlingalm am steilen Fels-
aufstieg. Ausblick auf den Chiemsee!
Der Geröllweg und die Durchschlüpfe zwischen den Felsen.
Hohe Stufen. Alpendohlen setzen ihre Töne auf die Notenlinien
des Windes. Ein letzter Kletterpfad. Auf einer Felsnadel das
zwölf Meter hohe Gipfelkreuz, das größte in den Bayerischen
Alpen! Ich befürchte, vom Sturm hinunter geblasen zu werden.
Eintrag ins Gipfelbuch. Der Metalldeckel des Behälters fällt mir
schmerzend auf die Hand. Eine kurze Zeit der Fernsicht und
glücklicher Abstieg zur Alm. Die vielen Alpenblumen! In der
Gaststube sitzt am Nachbartisch eine Familie mit fünf kleinen
Kindern.

Goldpippau
nun blüht sie auf
meine Mutter

Langsam

Hohenaschau, der boarische Entschleunigungsweg. Kunstvolle Sitz- und Entspannungsgeräte am Weg und das Rauschen des Zellgrabens. Ein Seerosenteich. Blick auf die Kampenwand und das Schloss Hohenaschau. Die der Seligen Irmengard geweihte Peterskapelle.

Weinbergschnecke
das Geräusch zweier Grashalme
beim Betreten

Das weiße Schloss, harmonisch gestaffelt wie eine Kristallstufe. Gebaut seit dem 12. Jahrhundert. Herrliche Säle und Stuben. Gekrönt von exquisitem Kuchen. Wir lachen. Weißt du noch, damals?, fragst du.

Ihre Sprossenwand
durch Kabinette und Salons
sein Wackelhund

Blechern

Nach Bergen. Besuch des Museums-Eisenhüttenwerkes, im 16.
Jahrhundert gegründet. Vor zweihundert Jahren wichtiger Eisen-
hersteller in Bayern und Mittelpunkt der regionalen Industrie.
Der Chiemgau zählt zu den ältesten Industriegebieten Europas!
Dann der Wandel zum Gießereibetrieb und Maschinenbauer.
1932 die Schließung. Das Gebäude, die Aggregate und Skulptu-
ren sind beeindruckend. Wie eine ausgeleierte Ritterrüstung lege
ich ein Vorurteil ab.

Terrassenkonzert
der Junge zieht an der
Haut seiner Finger

Der Dichter Rudolf Alexander Schröder lebte hier.

Den Sternen schwören
das Vaterland bleibt
wenn wir vergehen

Süßlich

Durch den Wald und an der Mittelstation des Hochfelln vorbei
zur Bachschmied-Kaseralm. Die Sennerin aus dem Kölner
Raum nimmt sich bald Urlaub wegen ihrer Enkel. Ein paar
Ziegen und ein tibetanisches Gärtlein.
Der blumenreiche Anstieg zum Gipfel und zum Hochfellnhaus,
höchstgelegenes Gasthaus im Chiemgau. Wir haben gute Sicht
zum Watzmann, Steinernen Meer, den Leoganger und Loferer
Steinbergen, Zillertaler und Kitzbüheler Alpen, über den Chiem-
see sogar bis nach München!
Etwas oberhalb die Tabor-Kapelle. Der Tabor ist ein Podest für
die Monstranz, das prunkvolle Schaugerät der geweihten Hostie.
Tabor leitet sich vom gleichnamigen Berg in Galiläa ab, dem Ort
der geheimnisvollen Verklärung Christi. Ein Stein jenes Berges
ziert die Außenwand der Kapelle. Das überirdische Licht, auch
auf dem Gemälde. Die Mystik am Berg. Und dazu das dunkle
Radler als Göttertrunk.

Wolkenturm
ich sehe in sein
Inneres

Rhythmus

Die Dandl- und Röthelmoosalm liegen auf einer Hochebene. In
der Stube der Dandlalm wird ein Volksmusik-Konzert gegeben,
der Ziachspieler ist ein junger Mann von Buchwinkel am
Waginger See. So charmant!

                              Treppauf, treppab
                           was im Keller suchte …
                                    ein Reimwort

Am Thoraubach eine ehemalige Glockenschmiede aus dem 17.
Jahrhundert. Im wildromantischen Tal mit fünf alten Häusern,
dem hölzernen Wassergerinne und oberschlächtigem Wasserrad.
Ein Führer erklärt das traditionelle Schmiedehandwerk.
Verschiedene Werkzeuge liegen auf den Tischen. Das Schlagen
auf die Ambosse war einst talweit zu hören. Im Obergeschoss
der große Blasebalg. Im Nebengebäude die wassergetriebene
Sandstein-Schleiferei.

                                 Fachgeplänkel
                                die Sinfonie
                               der Kuhschellen

Profil

In Seehaus neben dem Waldbach wandern wir aufwärts und über kleine Brücken zur malerischen Branderalm. An Weiden entlang in den Bergwald, zum linken Aufstieg. Über Geröllwege Schritt für Schritt in die Höhe, bald taucht die Hörndlwand auf der rechten Seite auf. Der Bewuchs wird flacher, wir nähern uns der Felswand. Eine meiner Lieblingsblumen, die Akelei! In den altnordischen Mythen war sie dem Frühling und der Fruchtbarkeitsgöttin Freya geweiht.
Steiler und steiniger der Pfad, die Wand baut sich vor uns auf, die Sonne wird drückender. Über das Geröllfeld und durch steile Durchstiege erreichen wir die Oberseite. Der Gipfel! Drei Kreuze nah beieinander: der Hörndlwand, der Gurnwand und des Gurnwandkopfes. Die Aussicht über hundert Gipfel! Jetzt fliegen können!

Almrausch
in den Mulden
blecken Zähne

Versinken

Am Wiesenstrand des Lödensees. Der letzte Starkregen hinter-
ließ eine Uferzone von trockenem Laub und Schwemmholz. Mit
den rundlichen Holzstücken kann man ein Mobilee basteln.
Der moorige Bergsee – welche Erfrischung nach dem Abstieg!
Zwischen den Bäumen alte Almhäuser und ein Forsthaus. Ich
kann den Blick nicht abwenden. Auch die Kühle des Wassers
und das Panorama der aufsteigenden Berge strömen durch mich
hindurch.

Himmelsschlüssel
ein Jungbulle übt
die Paarung

Fliegende Ameisen

In Ruhpolding. Hinauf zum Kirchberg und zur barocken Pfarr-
kirche St. Georg. Eine christliche Kultstätte. Romanische und
gotische Vorgängerbauten. Neben der großen Linde ein Gna-
denbild des gegeißelten Heilands. Innehalten vor den Marterln,
auch vor dem Bildstock des heiligen Korbinian. Einige Toten-
bretter. Früher trug man auf solchen Brettern die Verstorbenen
zu Grabe, danach wurden sie beschriftet und verziert. Die Holz-
figur der Mater Dolorosa am Aufgang zum Bergfriedhof.
Wir besuchen die Kirche St. Valentin in Zell aus dem Jahr 1200.
Das älteste Bauwerk in Ruhpolding und die älteste Kirche im
Tal. Das Netzgewölbe im Chor, die bemalte Balustrade und die
Kreuzigungsgruppe an der Seitenwand. Ein Ehrfürchtig-Werden.
Abends kommen wir am Simandlhof vorbei. Hier lebte der
Bauer, Schnitzer und Dichter Christian Hechenbichler. Gewitter
und Regen.

Was die Linde erzählt
barfuß
das Ziel verlassen

Knirschen

Hinter Laubau am Holzknechtmuseum in Richtung Sonntags-
horn. Entlang des Waldwirtschaftsweges, nach der Abbiegung
durch das Hintere Kraxenbachtal hinauf. Dann das riesige
Geröllfeld! Mit jedem Schritt wird die Sicht weiter, doch wir
rutschen immer wieder ein Stück ab oder bleiben mit den
Schuhen zwischen den Steinen stecken. Hin und wieder der
Blick an die schrägen Schichten des grauen Gesteins. Meinem
Freund reißt der Geduldsfaden. Wir kommen so nicht weiter und
müssen umkehren.
Im Museum wird die Welt der Holzknechtarbeit von der Sali-
nenzeit bis heute vorgestellt. Im Freigelände die Holzknecht-
hütten. Holz als Rundumwerkstoff und zur Befeuerung der
Traunsteiner Saline.

Waldarbeit
eine Klause für die
halb erfüllten Träume

All incusive

In Eisenärzt. Der Name stammt vom Eisenerzbergbau. Der ge-
wonnene Eisenstein wurde an Ort und Stelle ausgeschmolzen,
und das Roheisen in Hammerwerken weiterverarbeitet. Umge-
ben vom Scharam mit Maria Eck und dem Sulzberg mit dem
Zinnkopf, erstreckt es sich im Tal der weißen Traun. Klein-
bauernhäuser.
In Eisenärzt lebte der Autor und Regisseur Walter Flemmer eine
Zeit lang. Er schrieb unter anderem über den Buddhismus, Mär-
chen, spirituelle Bücher und Gedichte, sogar Haiku!
Wir wandern auf Wiesen- und Waldwegen zum Kloster Maria
Eck, in dem Franziskaner-Minoriten leben. Sie bieten Urlaub,
Exerzitien, Gebetsgruppen und eine Einsiedelei in einer Hütte
am Wald an. Wir lassen es uns im Klostergasthof schmecken.

Wie eilig der Mond
über den dunklen Bergrand
himmelwärts rollt

(Walter Flemmer,
aus: "Ufer still an den
verstummten Uhren")

Amulett

Über die Höhen und an der Traun entlang nach Siegsdorf. Wir
besuchen das Naturkunde- und Mammut-Museum. Das Mam-
mutskelett wurde 1975 von einem Schüler in einem Bachbett bei
Siegsdorf gefunden. Die Entstehung des Chiemgaus, Fossilien,
Saurier und Urelefanten, Riesenhai und Wollhaarmammut sind
zu sehen. Das Museum füllt sich. Auch wir sind ein Teil der
Überbevölkerung, denke ich und ziehe mich in die begehbare
Höhlenbärenhöhle zurück, bevor wir hinaus ins Steinzeitdorf
gehen. An einem der Freizeitangebote würde ich gerne teil-
nehmen. Du schenkst mir einen versteinerten Haifischzahn.
Der Künstler Walter Angerer lebt in Siegsdorf. Er ist bekannt für
seine Skulpturen in Fraßbildtechnik, von denen wir unterwegs
schon einige gesehen haben.

Feuersteinpfeilspitze
die Ästhetik der
modernen Kunst

Pastell

In Traunstein auf regenfeuchten Straßen. Einstmals hier die
Salzherstellung mittels der Soleleitung und Saline. Die Sali-
nenkapelle am Karl-Theodor-Platz. Auch im Stadtpark, früher
der Friedhof, steht ein Kirchlein. Die ehemalige Klosterkirche
wird zum Kulturzentrum saniert. Im Landratsamt hängen herr-
liche Bilder des Lehrers und Malers Georg Huber. Auch Thomas
Bernhard lebte in seiner Kindheit eine Zeitlang hier.

Vom Taubenmarkt aus
die größte Entdeckung
seines Lebens

Romantische Seitengassen. Wir besichtigen die Brauerei, lassen
die Blicke über das Tal schweifen. Auf dem Stadtplatz die Pfarr-
kirche, ursprünglich aus dem 12. Jahrhundert. Großzügige
Seitenkapellen, ein mächtigen Hochaltar! Auf dem Platz ein
überaus köstliches Eis.

Lodenhütchen
die Glocken läuten
zu heiligem Wind

Im Dorf II

Verschwommen

Mit dem Zug nach Waging. Wiesen, Hügel, Dörfer, Waldränder,
Sägewerk, Kirchen und Gehöfte ziehen vorüber. Straßen, die
sich zwischen den kleinen Dörfern schlängeln.
In Waging flanieren wir durch die gewundene Hauptstraße. Eine
bajuwarische Gründung. Im Mittelalter herrschte wegen der
Salzstraße nach Wasserburg Wohlstand. Neben der Käserei das
Atelier eines Glaskünstlers. Ein Glasfederhalter gefällt mir sehr!
Und die filigranen Kugeln und Schalen!
Im Bajuwarenmuseum werden die Besiedlungsgeschichte durch
die Römer und Germanen und die Bildung des Bajuwarenstam-
mes gezeigt. Viele archäologische Funde.
Auf dem Friedhof das Grab eines Mannes, der fast am selben
Tag geboren wurde, wie ich. Nebenan die Keltengräber.

Rauchzeichen
mit dem Boot zu einer anderen
Sprache

Rasenstück

Wiedersehen in Wolkersdorf. Weites Grasland auf dem Weg zum
See. Nur nach etlichen Regentagen erreicht der Klee die Blüh-
reife, weil bei Regen nicht gemäht werden kann. Die Mahd reift
zu Silofutter der Stallkühe. Die Imkerin im Dorf sähe lieber
mehr Blumen. Und der alte Biobauer findet keinen Nachfolger.

Permakulturhof
Himbeeren naschen
unter Obstbäumen

Knick

Im Gemeinschaftsraum zu mehreren ein schnelles Kartenspiel. Gewitter kommt auf. Der Vater möchte seine beiden Kinder zurückholen, aber die Mutter ist gelassen. Die Blitze häufen sich, die Donnerschläge werden brüllend laut. Die Mutter hätte nachsehen sollen. Der Vater grummelt. Nun prasselt Regen. Die Eltern schimpfen miteinander, weil eines der regennassen Kinder erkältet ist. Die Mutter holt die beiden ins Haus.

Gipfelsturm
Jesu Wange ist
verletzt

Zwiesprache

Die Wäschespinne neben der Remise ist mit unseren frischen Kleidern bestückt. Vor dem Holzschuppen der knorrige Kirschbaum mit dunklen Astlöchern wie ein trauriges Gesicht. Auf einem Ast sitzt ein Fink mit einem erdbeerroten Federkleid. Der ganze Vogel ist rot, nur die Flügel sind etwas bräunlicher, selbst der Schnabel hat eine rote Markierung. Welch eine Entdeckung! Ich erkunde, dass es ein Senegalfink ist. Wer wird ihn vermissen? Wird er überleben?

Gassenhauer
auf der Uferwiese
der farbige Gitarrist

Zerrupft

Morgen wird eine Messe für die verstorbene Großmutter des
Jungbauern gefeiert. Dabei ist die Großmutter der Jungbäuerin
selbst vor vier Wochen gestorben, und die junge Frau kann nur
am Hof an sie denken. Morgen wird außerdem ihr Jüngster vier
Jahre alt.

Kaffeedampf
eine Pferdebremse
will ins Freie

Am nächsten Tag frage ich sie, ob sie Zeit hatte, mit ihrem Jüng-
sten zu feiern. Nein, antwortet sie. Sie waren nach der Messe
zuerst bei der anderen, pflegebedürftigen Schwiegeroma und
danach bei der Schwiegermutter im Krankenhaus. Keine Zeit
zum Feiern, aber Kuchen sei übrig geblieben.
Hoffentlich konnten sie bei ihren Verwandtschaftsbesuchen
wenigstens ein paar Momente mit ihrem Buben fröhlich sein,
denke ich.

Smartieskuchen
an der Wäscheleine hängt
der löchrige Teddy

Schwankend

Abends ein Blaskonzert am Maibaum. Die Bierbänke sind be-
völkert, es gibt Brezel oder Schnitzelsemmel und reichlich Bier.
Unsere jungen sächsischen Hausnachbarn sind nette Leute. Die
zierliche und hübsche Frau mit kinnlangen, blonden Haaren fri-
siert sich täglich anders. Die beiden haben einen pfiffigen Sohn.

Windbö
eine Schnecke kriecht
der Spirale entlang

Der Jungbauer kommt auch an den Tisch. Die Marketenderinnen
mit ihren Körben voller Schnapsflaschen bieten ihre Ware feil,
und auch wir greifen zu. Eine von ihnen erzählt, dass sie Natura-
listin sei. Wir reden über den Glauben. Der Jungbauer meint, er
habe Angst vor dem Tod. Inmitten einer launigen Feier.

Existenznot
wer vergaß das Drehen an der
Stellschraube?

Wildes Gras

Am Bahnhof in Kirchanschöring. Das kleine, weiß verputzte Bahnhofsgebäude hat blaue Fensterumrandungen. Anscheinend wird es als Jugendtreff genutzt. Unermüdliches Trommelschlagen ist zu hören. Wir nähern uns der Eingangstüre. Im Innenraum sitzt eine Gruppe von Trommlern im Kreis. Der junge, schwarze Lehrer bittet uns herein, wir dürfen Platz nehmen. Er erteilt uns einen kurzen Trommelkurs, erzählt aus Nigeria und über die Bedeutung des Trommelns.

Fruchtfolge
ich **lerne** den **Rhyth**mus
von **Dank**barkeit

Aufgewühlt

Seewanderung von Wolkersdorf nach Gut Horn. Die Rinderherde grast auf einer abgezäunten Wiese. Am Ende der Wiese ein Wasserlauf, er bildet die Tränke und Suhle. Inmitten der Suhle steht ein dunkelbrauner Stier, er atmet schnell und schwer. Seine Nase blutet etwas. Er trampelt immer wieder aufgeregt durch das Wasserloch und hält die helle Nase unter Wasser. Die Kühe halten Abstand. Allmählich kommen sie näher. Drei Kühe berühren den Bullen mit ihren Leibern. Er wird ruhiger.

Dein Blick
wieder der Gedanke ans
Sterben

Gleichgewicht

Wir überqueren den Zeltplatz von Gut Horn und rasten am
Seeufer zwischen den Bäumen. Nicht weit entfernt erteilt ein
Lehrer auf der Wiese einem Paar Unterricht in Stehpaddeln. Sie
stehen sich gegenüber und führen das lange Paddel langsam
seitlich nach unten. Wie bei einer Qigong Übung. Diese reinen
Bewegungen! Dann nehmen sie ihre Schwimmbretter ins Wasser
und knien sich darauf, bevor sie dem Meister paddelnd folgen.
Der nächste Schritt ist das behutsame Aufstehen. Nun paddeln
sie schon und wenden im Stand.

Seeüberquerung
wie viele Wünsche gingen
stattdessen in Erfüllung?

Wellentanz

Mit meiner Hausnachbarin noch einmal nach Gut Horn. Wir
möchten selber das Stehpaddeln lernen. Diese Fortbewegungsart
geht auf polynesische Fischer zurück. An der Surf- und Segel-
schule werden die Paddelbretter vermietet. Der Meister zeigt
einige Regeln, gibt uns passende Stechpaddel und Bretter. Wir
lassen sie vorsichtig zu Wasser und tauchen ein in die Materie.
Das Paddeln auf Knien und in der Hocke gelingt mühelos. Aber
das Aufstehen … Einmal lande ich im Wasser. Doch dann …
Jede kleine Welle nimmt der ganze Körper auf. Wir paddeln fast
bis zur anderen Seeseite.

Sonnenuntergang
drüben am Bootshaus
eine Dschunke

Eng

Rund um Wolkersdorf. Ich gehe einen Feldweg entlang bis er rechts abbiegt. Doch meine Richtung ist geradeaus. Der schmale Pfad zwischen den abgezäunten Kuhweiden und den Maisfeldern ist hoch mit Gras und Brennnesseln bewachsen. Ich winde mich zwischen der ersten und zweiten Reihe der Maispflanzen hindurch und schütze mein Gesicht vor den schneidenden Blättern. Hinter dem nächsten Weidezaun traben die Kühe neugierig in meine Richtung. Das folgende Maisfeld ist noch dichter bewachsen. Auf der Wiese vor mir stehen zahlreiche Gänse. Dahinter ein Wassergraben. Zwischen den Uferbüschen gelange ich mittels eines umgelegten Baumstammes über den Bach. Im Wasser die geräuschvolle Flucht eines Tieres. Bald erreiche ich den Hof.

Die Glocken der Almkühe
still
ein Mundharmonikaspieler

Gefilde

Mit dem Fahrrad nach Kühnhausen und Petting und zum
Schloss Seehaus am Weidsee. Um das alte Wasserschloss ein
paar Häuser. Früher diente die Schlossburg dem Schutz der
„Unteren Salzstraße“. Ein Fürsterzbischof baute sie in der
Spätgotik zu diesem Schloss um, das er seiner heimlichen
Gemahlin schenkte. Schloss und stiller See wie im Märchen.

Faschingskostüm
der Reiter trägt ein
fremdes Gewand

Die Gärten in Petting sind von Blumen überflutet.Wir kommen
am Peterkainhof vorbei. Ein herrlicher Ferienbauernhof an der
Seestraße! Wir läuten. Die Frau Christa ist bewandert in Kräu-
terkunde und ihr Mann Nikolaus ist Heimatdichter. Wir machen
uns bekannt, erzählen vom Dichten, lesen unsere Gedichte vor.
Er signiert mein Büchlein „Ja mei“.

De oide Hoamat
ah ih woar net imma
treu

Kindheitsmelodie

Spaziergang durch Wolkersdorf und Ausblick auf Wiesen, See und Berge. Unterwegs hören wir Chorgesang durch die Gasse wehen. Langsam nähern wir uns. Auf einer Terrasse sitzen zehn junge Leute und singen mit ihrem Gesangslehrer mehrstimmig schöne alte Volks- und Kirchenlieder. Vor allem die bekannten Marienlieder. Die Sängerinnen und Sänger haben uns bemerkt und bitten uns zu sich in den Garten. Doch wir wollen nicht stören und lauschen auf der Straße ihrer ergreifenden Sangeskunst.

Breit den Mantel aus
die goldenen Knöpfe
am roten Wollstoff

Abglanz

Wanderung zum anderen Seeufer, zur Nepomuk Kapelle in
Waging und zur Wallfahrtskirche Mariä Heimsuchung auf dem
Mühlberg. Der Anstieg ist bequem, die Aussicht beglückend.
Die Kirche aus dem 18. Jahrhundert beherbergt viele Votivtafeln
an den Wänden und unter der Empore. Sie erzählen vom Dank
nach erfüllten Hoffnungen, nach Krankheiten und Unglücken.
Auch Haus- und Hofformen von früher geben sie preis. Innen-
räume, Gegenstände, Kleider, das einstige Leben. Es ist der
umfangreichste Votivbilderbestand im Chiemgau und Ruperti-
winkel.
Neben der Kirche steht seit Anfang an ein Brunnen, der bei
vielen Leiden geholfen haben soll.

Golddraht
die Waschung eines
Spechtschädels

Frostig

Moorwanderung im Nieselregen. Lange Wege im Schönramer
Filz. Ein Kiefern-Fichten-Birken-Moorwald. Schautafeln zeigen
die eiszeitliche Entwicklung und die frühere Nutzung durch
Torfabbau. So lange ist die Stilllegung noch nicht her. Auf den
Hauptwegen fuhr eine Torfbahn auf Gleisen. Im dritten Reich
war es ein Reichsarbeitsdienstlager. Im Krieg auch eine Kaserne
und TBC-Station für Zwangsarbeiter, die bis zum Tod hier
schufteten. Nach 1945 ein Flüchtlingslager.
Das Tröpfeln des Nieselregens auf die Blätter. Ein Baumhaus
mit Weitblick über das Moor und die Heidelandschaft. Der
Moorsee ist pechschwarz! Baumstümpfe ragen heraus, ich stelle
mir die Eiszeit vor. Auf der anderen Seite der Landstraße der
Ukrainer-Friedhof.

Päpstlicher Pilgerweg
der Gang
zum Jüngsten Gericht

Planschen

Mit dem Ruderboot hinüber ans andere Seeufer. An der Gast-
stätte des Zeltplatzes „Schwanenplatz" landen wir an, auf der
windgeschützten Holzterrasse trinken wir eine Tasse Cappu-
chino. Im Uferbereich tauchen Stockenten auf. Ente und Erpel
führen ihre sieben Küken aus und lassen sie den grasbewach-
senen Ufersaum entdecken. Reglos beobachten wir ihr Treiben.
Wolken ziehen auf, ein Schauerregen geht nieder. Wir schlüpfen
in die Badekleider und gleiten in den See.

Schlammiger Grund
Gespenster steigen auf
und vergehen

Ausdauer

In der Gastwirtschaft in Taching. Auf der großen Terrasse sind
manche Steinplatten etwas locker, in den Fugen wächst Gras.
Die Bedienungen sind äußerst zuvorkommend. Der idyllische
Blick über den See hinüber zu den Bergen! Die Linde hinter uns
ist voll erblüht. Junikäfer brummen über unsere Köpfe hinweg.
Einige landen auf dem Tisch. Ein Männchen begattet das Weib-
chen mit seinem Stachel in großer Ruhe und in achtfacher
Zeremonie.

Schleier
zwei Wolken
vereinigen sich

Auf dem Tachinger Friedhof ist der Schriftsteller und Journalist
Eckart Peterich begraben. Er lebte in Italien, Deutschland und
Griechenland. In den letzten fünf Jahren seines bewegten Le-
bens wohnte er hier. Wie auch sein Freund, der Architekt und
Kulturpolitiker Dieter Sattler, der in Grendach zu Hause war.

Zimmer am Meer
ein und aus geht
das Blau

Schritte

Die Sohlen meiner alten Riemenschuhe sind löchrig gelaufen. In Kirchanschöring will ich mir Wanderhalbschuhe kaufen. Weder altmodisch braun noch futuristisch bunt. In der unteren, lagerähnlichen Abteilung der preisreduzierten Ladenhüter werde ich fündig. Bei den Kinderschuhen. Der Verkäuferin scheint mein selbständiges Handeln nicht zu gefallen.

Gestreifte Schnürsenkel
die Hofkatze spielt
mit dem Opfer

Zwischenstation

Mir wäre der schwarze Aston Martin in Kirchanschöring gar
nicht aufgefallen. Ein Einheimischer auf dem Fahrrad bleibt
stehen und äußert seine Meinung zu einem solchen Fahrzeug. In
dessen Frontscheibe spiegeln sich jedoch die Wolken besonders
schön.

Großeinkauf
an der Haltestelle beginnt einer
zu lachen

Während des Zweiten Weltkriegs und kurz danach lebte hier die
Schriftstellerin Luise Rinser. Sie war nicht unumstritten, aber sie
engagierte sich in der Friedensbewegung.

Rote Katze
sein Magen knurrt
lauter

Windung

Der Radweg nach Laufen schlängelt sich als Nebenstraße
zwischen Wiesen und Feldern entlang und führt über Anhöhen.
Die Stadt liegt in einer Flussschleife der Salzach und wurde im
8. Jahrhundert bereits erwähnt. Die Salzschiffe mussten hier an
einer Stromschnelle umgeladen werden. Viele vorgeschichtliche
Funde. Die keltischen Alaunen siedelten hier. Römer, Alamanen,
Franken, Bajuwaren, Barbarossa und Erzbischöfe kamen und
gingen. Mittelalterliche Altstadt. Bunt gesäumter Marienplatz,
die Salzach grau-türkis. Das kleine Café am Platz vor dem
Keramik-Atelier.
Im Hochmittelalter eine Taufkapelle, die spätere Michaels-
kapelle. Um 1200 entstand die romanische Basilika. Von ihr
steht noch der verzierte Turm, integriert in die Westfassade der
jetzigen Stiftskirche. Sie ist die älteste gotische Hallenkirche
Bayerns. Reichhaltige Innenausstattung. Unter der Orgelempore
Grabdenkmäler, eines aus Rotmarmorstein. Ein kreuzgangähnli-
cher Umgang, hinten als Wehrgang. Teilweise bemalt. Grabplat-
ten aus Marmor. Ein Kultplatz!

Steinlabyrinth
auf der Suche
nach mir selbst

Emerentia, Großmutter der Muttergottes

Die Stille-Nacht-Kapelle in Oberndorf thront auf ihrem Hügel.
Zweihundert Jahre das berühmte Lied.

Zweimal gerufen
die Beschwörung
der heiligen Geburt

Ein Paar hat gerade seinen Eintrag im Gästebuch der Kapelle
hinterlassen. Es pilgert 550 Kilometer von Kapelle zu Kapelle
und zeigt in seinen Zeilen die gemeinsame Freude und Dankbar-
keit. Berührend!

Nach Ungarn
der Tempel vor den Kiefern
verschneit.

Alter Bauhof

In der Laufener Landratstraße das
Anwesen des Geigenbauers Hagen Schiffler.
Eine Geigenschnecke als Klingel. Herr Schiffler
begrüßt uns sehr freundlich, führt durch seine
Werkstatt und erklärt uns mit seinem
Fachwissen den komplizierten Aufbau der
verschiedenen Geigen. Die Herstellungsweise
ist seit 400 Jahren nahezu gleich. Barockbögen sind
seine Spezialität. Mit viel Geduld und Hingabe werden
auch defekte Instrumente zu neuem Leben erweckt.
Die Barockgeige eines ungarischen Geigers. Der
Geigenbauer spielt auch als Musiker in
verschiedenen Orchestern mit.

Kammerkonzert
hinter dem Fächer
chattet einer

Noch einmal über die Salzachbrücke von 1903.

Salzburg

Hüftschwung

Bedeckter Himmel. Wir verabschieden uns wieder von Wolkers-
dorf. Mit dem Zug nach Salzburg. Bald spricht uns ein junger
Mann auf unsere Herkunft an, weil er unseren Dialekt erkannt
hat. Wir finden gemeinsame Bekannte heraus. In Mülln steigen
wir aus. Das Rauschen der Salzach. Entlang der alten Häuser,
teilweise an den Felsen gebaut, bis zum Klausentor. An den
Nagelfluh-Wänden sind zwei Felsenputzer beschäftigt. Auf dem
Ursulinenplatz das Mozartdenkmal von Markus Lüppertz. Die
barocke Markuskirche war Teil eines früheren Ursulinenklos-
ters. Im Inneren duftet es nach Weihrauch, Kerzenwachs und
feuchtem Stein.

Hupkonzert
die Braut bekommt den
Schlüssel

Weiter durch die Gstättengasse. Wir nächtigen in einer Gründer-
zeitvilla im Säulenzimmer.

Rondell

Enge Gassen und buntes Treiben in der Salzachstadt. Die farbigen Häuser und die überaus verzierten Hängeschilder lassen vergangene Zeiten erahnen. Im Arkadengarten des Sternbräu inmitten der Hauspassagen sammeln wir Geräusche und Gesprächsfetzen. Im Bürgersaal historische Bilder von Salzburg. Die Bürgerspitalkirche St. Blasius zwischen dem Mönchsberg und der Getreidegasse. Sie ist eine der ältesten Hallenkirchen! Der Vorraum mit seiner niedrigen Decke ist düster. Die kurzen Säulen aus Nagelfuh stützen die zeltartig gespannte Decke. Auf einer der abgewetzten Bänke kniet eine alte Frau mit Kopftuch und murmelt ihre Gebete. In Nischen liegen Lautsprecher für ein baldiges Konzert.

Gluckern
ob er meine Sprache versteht
der Nothelfer?

Zerbrechlich

Wir besuchen das Trakl-Haus. Unsere Blicke gleiten über die
feinen Möbel, die Bilder und die Handschriften jenes unglückli-
chen Dichters. Immer wieder sein Augenaufschlag, dem ich
nachspüre. Seine dunkle Bildsprache. Wir lesen die Verse über
die Schwesterliebe, den Verfall und den Krieg. Aber auch das
heitere Gedicht über den Mirabellpark. In der Galerie hängen
Quadrate mit Füßen.

Gewitterabend
ein Aufschrei meiner
Gedanken

Gebet

Die imposante, weiße Kollegienkirche! Auf dem alten Peters-
friedhof die vielen schmiedeeisernen Kreuze mit Metalldächlein
und Blumen. Bekannte Namen der Stadt. Der Eingang zu den
Katakomben führt durch die Kommunegruft. Nannerl Mozart
liegt hier begraben. Die Katakomben wurden in der Spätantike
in den Festungsberg gehauen. Frühchristliche Versammlungs-
orte. Ein weitreichendes Höhlensystem, das zur Einsiedelei des
Klosters St. Peter gehörte. In den Katakomben zeremonielle
Dunkelheit. Und das Flüstern der Besucher. Die Gertrauden-
kapelle, eine Höhlenhalle mit Fresken und Altar, die Maximus-
höhle, noch ursprünglicher. In einer Wandnische löse ich einen
lockeren Stein aus dem Sims. Als Geschenk für einen kranken
Freund.

Stadtmühle
der Takt in dem wir
die Zähne putzen

Kissenduft

Ich bekomme die Nachricht vom Tod eines lieben Dichterfreundes in der Heimat. Unfassbar! Obwohl er länger krank war, kommt sein Tod völlig überraschend. Einst half er mir mit seiner ausgeglichenen Persönlichkeit, innere Ruhe zu finden. Wenn ich ihn traf, dachte ich immer daran. Auch in den letzten Jahren nahm er seine Krankheiten meist gelassen und hoffnungsfroh hin. Nun bricht mir eine Stütze weg. Kein Appetit. Uferlose Traurigkeit. Abends vor dem Schlafengehen spüre ich einen Hauch um mich. Ich habe den Eindruck, dass sich meine Poren öffnen. Dass er durch mich hindurch tritt, dass er bei mir ist. Ich schreibe ein Gedicht über ihn. Und einen Brief an seine Frau.

Notiz von dir
        den Buchstaben folgen
                in den Gedankengang

Schwebe

In betrübter Stimmung der Aufstieg zur Festung Hohensalzburg.
Hier auf dem Festungsberg gab es keltische Siedlungen. Wir
erreichen das stille Benediktiner-Frauen-Stift Nonnberg. Es ist
mit seinen 1300 Jahren das weltweit älteste christliche Frauen-
kloster mit dauerhafter Tradition! Ein berührender Ort und ein
würdiger Platz für meine Trauer. Salzburgs ältester christlicher
Friedhof. Lange betrachte ich die Grabkreuze. Alles ist Erde, wir
erheben uns zwei Meter und versenken uns zwei Meter. Mit dem
Atmen gerate ich in ein Wellenempfinden. Zwischen Erde und
Luft liegt das Wasser. Ich werde zu Wasser. Beim Aufstehen von
der Bank spüre ich die Verbindung Kopf, Körper, Füße: Luft,
Wasser, Erde. Eins.

Erentrudis
mein Schweigen reinigt
die Gedanken

Haltung

Nicht weit entfernt das große Tor zur Festung Hohensalzburg,
eine der größten Burgen Europas! In der Antike war hier ein
römisches Heiligtum. Die romanische, wehrhafte Hauptfestung
ist mit dem Prunk des Hochmittelalters ausgestattet. Wir schlen-
dern von Hof zu Hof. Von der Terrasse aus blicken wir über die
Stadt. Kräftige Winde blasen uns um die Schultern. Wir besu-
chen das Salzmagazin, die Folterkammer, den Reckturm, den
Wehrgang und den Salzburger Stier, eine Außenorgelanlage.
Hinter der Festung der heute wenig begangene Weg auf dem
Mönchsberg, vorbei an den Mauern der Kasematten.

Ein Ball weniger
er jongliert die Ereignisse
der letzten Jahre

Kapriolen

Am Ende des Mönchsberges das Kloster Mülln und der urige
Augustiner Braugasthof. Große, rustikale Säle im Gebäude. In
den Seitennischen des Ganges werden Schmankerl angeboten,
es duftet im ganzen Gebäude. Im großen Gastgarten unter den
Kastanien sind fast alle Tische besetzt. Kartoffelecken, Hendl
und Bier. Zwei Damen erzählen von den Weinstuben in Nieder-
österreich. Ein schlanker Mann in aufreizendem Rock lehnt
während seiner Unterhaltung an einem Stehtisch. Abends
kommt Sturm auf, die Kastanien wedeln hin und her, ein Platz-
regen treibt die Gäste ins Haus und unter die Veranda.

Nebelmond
eine Igelfamilie durchstöbert
die Reste

Der Schriftsteller Karl-Markus Gauß wohnt hier ganz in der
Nähe.

Vorraum
die Firmengeschichte
eines Brieföffners

Latein

Das Domgrabungsmuseum. Funde einer römischen Villa, die über den Resten eines noch älteren Hauses stand. Der zentrale Wohnbereich, ein säulenumstandener Innenhof und Räume mit Kanälen und Warmluftheizung sind gut erkennbar. Wunderschöne Mosaikfußböden, sogar mehrschichtig: Flechtwerk, Schlangen, Blumen und geometrische Formen!
Die Fundamente und die Mauern der Westtürme des einst spätromanischen Doms. Nach einem Brand im Spätmittelalter abgetragen und im Frühbarock wieder erbaut. Innen zahlreiche Fresken und Stuckornamente, grandiose Deckengemälde, überreich gestaltete Seitenkapellen, die überbordende Kuppel mit den Vierungsorgeln! Das mittelalterliche Taufbecken ist eine kleine Ruhezone. Ein übertriebener Pomp, oder? Das siebenteilige Domgeläut ist das klangschönste in Österreich!

Römertopf
wir untersuchen die Pigmente
eines Huhns

Melancholie

Das Museum der Moderne zeigt eine Ausstellung über japanische Fotografie vor fünfzig Jahren. Berührende persönliche
Bilder mit hohen Schwarzweißkontrasten. Personen, Einrichtungen, Straßenszenen und Naturaufnahmen. Die Bilder könnten
größer sein, die Räume weniger streng.
Die expressionistische Sammlung der Grafiken und Gemälde ist
begeisternd! Mich durchweht eine Sehnsuchtsmelodie, welche
nur ich kenne.

Ameisenstraße   wir verlassen den   vertrauten Weg

Im Haus der Natur begegnet uns in vielen Räumen das Werden,
das Schillern und Vergehen der Erde auf ihrer Bahn durch die
Galaxie.

Gletscherbahn
die Ewigkeit
des ewigen Eises

Zickzack

Am frühen Morgen im Mirabellpark. Noch sind wir fast alleine.
Das Große Parterre. Zwei Paare von Fechterskulpturen empfangen uns. Die Balustraden mit antiken Göttern und Göttinnen, das Muster von Blumenbeeten, Rasenflächen mit Vasen und einem großen Springbrunnen! Dann die Gärten mit dem Papagenabrunnen, der alten Orangerie und dem Barockmuseum.
Das Kleine Parterre mit dem Pegasusbrunnen. An der Heckenarkade eine Abzweigung in die Höhe. Ein Heckenirrgarten und das Heckentheater. Die barocke Freude am Leben und Feiern! Aber auch am Hässlichen und Angsteinflößenden: im herrlichen Zwergerlgarten.
Wir verweilen eine Weile auf dem Rosenhügel.

Strickpullover
das Muster meiner
wilden Jahre

Zu den Berchtesgadener Alpen

Mühle

Das Großgmainer Freilichtmuseum. Eine enorme Fläche mit
hundert Häusern aus den Landesteilen, viele mit Blumen ge-
schmückt. Bauernhöfe, Handwerkerhäuser, Gasthaus, Krämerei,
Schuster, Brauerei, E-Werk, Dorfschule, Schmiede, Mühlen,
Sägewerk, Kapellen, Almhütten. Viele Gebrauchsgegenstände.
Eine Traktorenschau und zahlreiche Handwerkerausstellungen.
Mit der Schmalspurbahn gleiten wir durch diese kleine große
Welt. Ein historisches Haus wird Stein für Stein wieder aufge-
baut, die Maurer stehen oben auf dem Gerüst. Ein kleiner Junge
will auch hoch hinaus.

Hufeisenschmied
er erzählt von der Rauheit
seines Lebens

Kristall

Günstiges Wetter für den Untersberg. Von Großgmain zu den
Vierkaser-Almen. Über das Rauheck der mühsame Aufstieg.
Kalksteinfelsen mit ihren eiszeitlichen Rundungen. Rast in der
canyonartigen Mittagsscharte. Auf dem steilen Thomas-Eder-
Steig Info-Tafeln über die Untersberger Mandln und die wilde
Jagd. Der Untersberg als Kraftort!
An der Schellenberger Eishöhle. Jeder bekommt eine Karbid-
lampe, wir steigen nach unten, die Temperatur beträgt 1 Grad.
Bewegtes Licht auf die tropfsteinförmigen Eiswände, eisige
Höhlungen, Eisorgeln, Eismandln und wulstige Eis-Ungeheuer.
Der Führer erzählt über die Höhlenkammern als Sterbeorte der
Dohlen. Innehalten. Ganz in der Nähe liegt die längste und
tiefste Höhle Deutschlands, die Riesending-Höhle, die For-
schern vorbehalten bleibt. Nachmittagsspaziergang zur Toni-
Lenz-Hütte und Aufbruch zum Zeppezauerhaus. Große
Dämmerung mit Blick auf Salzburg. Unruhige Nacht.

Grillenkonzert
wir teilen den Atem
des Alls

103

Hauch

Durchwachsener Schlaf. Über den Reitersteig nach Glanegg
hinunter und mit dem Bus nach Höglwörth. Angeblich ein alter
Mithraskultort. Das Augustiner-Kloster aus dem 12. Jahrhundert
auf der Halbinsel. Die Ruhe des Sees mit Seerosen, ein paar
Federn und Schwänen. Ein ruhiger Rundgang. Spaziergänger,
Fahrradfahrer. Besuch des Innenhofs und der hellen Kirche. Alle
drei Jahre wird das Grab Jesu nachgebaut.

Gebete
Flüsterstimmen
ein Ganzes

Beim Klosterwirt trafen sich früher ein paar Dichterfreunde in
der Gartenlaube. Beim Betreten des Biergartens denke ich an die
alten Freunde. Der Pavillon steht nicht mehr. Nach der Rast
schwimmen wir eine große Runde im See.

Abendmond
der Flügelschlag des Schwans
unterbricht die heilige Wandlung

Ähnlichkeit

Teisendorf, im Jahr 700 gegründet, eine Marktgemeinde mit
einer historischen Marktstraße. Der bekannte Autor, Kabarettist
und Dichter Josef Brustmann stammt von hier. *Eines Tages
werde ich ein Gedicht sein, du hängst es an die Wand, der Wind
trägt es fort, das ist das Leben,* so ein zusammengefasstes
Gedicht von ihm. Vor kurzem starb hier der Mundartdichter Karl
Robel. *Die Theres und die Zens können gut schießen, doch im
Schützenverein haben die Männer die Hosen an,* schreibt er in
einem Gedicht.
Wir wandern ein Stück aufwärts. Oberhalb des Dorfes im Wald
eine Kapelle, in der durch ein rundes Deckenfenster die Sonnen-
strahlen auf die Muttergottes treffen. Im hellblauen Gewand
steht sie mit dem Jesuskind auf einem Gesteinsbrocken. Um-
rahmt von bunten Plastikblumen. Die Urmutter der religiösen
Menschen. Die Gewandfarbe teilt sie mit Isis. Die ihr entgegen
gebrachte Verehrung mit den Fruchtbarkeitsgöttinnen. Sie ist
älter als Jesus, Tausende von Jahren.

Glockengeläut
in der Nische beugt sich
eine Blume

Staub

Am frühen Abend in Neukirchen am Fuß des Teisenbergs. Über dem Dorf ist ein Kohlenmeiler aus 45 Ster Buchen- und Fichtenholz errichtet. In knapp zwei Wochen, so lesen wir, wird er vom Köhlerliesl entzündet und danach von den Köhlern bewacht. In vier Wochen wird der Meiler geöffnet und die Kohle geerntet. Das Köhlerfest wird gefeiert. Um den Meiler herum versammelt sich die Festgemeinschaft im traditionellen Gewand und singt und spielt ihre Köhlerlieder. Die große Vergangenheit der Holzkohle! Ehrfurcht vor dem alten Handwerk!

Grillfeuer
die neue Nachbarin
weint

Geschmack

Wanderung auf den Teisenberg. Kulinarische Rast auf der Stoißer Alm. Für den Kaiserschmarrn einen Schöpflöffel Butterschmalz, einen Schöpflöffel Teig. Am Geländer die aufgereihten Mountainbikes. Auf der Bank an der Hauswand sonnen sich die Menschen. Wir hatten vorhin einen Streit. Einatmen, Ausatmen, unter den Füßen Wurzeln, über dem Kopf der Himmel. Schweigsamer Aufbruch zum Frillensee.

Verlöschende Taschenlampe
im Vorratskeller
ein Feuersalamander

Schillern

Auf breiten Wegen meditatives Bachplätschern. Schautafeln und
Lehrstationen laden zum Innehalten und Spielen ein. Der
Frillensee liegt ruhig im Tal. Er ist der kälteste See in Mittel-
europa. Wir finden im Geäst ein paar Käfer: einen Vierbindigen
Schmalbock und einen beeindruckenden Schneiderbock, der
dem schädlichen Asiatischen Laubholzbock ähnlich sieht. Doch
es ist keiner nach der Auskunft des Forstamtes. Auf dem Steg
am Seeufer landen blaue Segellibellen mit pulsierenden Hinter-
leibern.

Fortgang der Zeit
ich schreibe für eine kurze
Reflexion

Biegsam

Der Weg führt am See vorbei und steigt leicht an. Hinter uns
erste Donnerschläge. Über das Bayerische Stiegel steigen wir
zur Steiner Alm hinab, die von Wald umgeben ist. Heftiger
Regen setzt ein. Der Weg ist von den Kühen ausgetreten und
steht voller Pfützen. Sturmwind! Wir rennen. Auf der Bank am
Haus schützt uns das Dach. Ein dicker Wasserstrahl schießt aus
der Rinne in die Regentonne. Am Vordach baumelt neben zwei
Schusterpalmen ein anmutiges Mobilee aus Schwemmholz.
Wilde Üppigkeit der Natur. In der kleinen Hütte wärmen wir uns
auf. Mit den Tischnachbarinnen, die mit einem jungen Spanier
unterwegs sind, reden wir und genießen den Marillenschnaps.

Zweige knacken
in der Waldnacht die Gedanken
eines Jägers

Perlen

Der feuchte Wald dampft Wolken aus. Die Sennerin treibt die
Kühe auf die steile Weide. Auf dem Weg zum Hochstaufen
langer, gerader Anstieg über noch feuchte Kalksteinstufen. Vor-
sicht ist geboten! Rechts die Geröllfelder hinunter und zum
Mittelstaufen hoch. Die Sonne kommt durch. Da! Das Reichen-
haller Haus! Die höchstgelegene Hütte des Chiemgaus.
Ankommensfreude! Eine Seismometerstation zeichnet Erdbeben
auf. Herrliche Suppe und der Ausblick auf Chiemsee und Salz-
burg. Ein paar Dohlen. Der Wirt erzählt von der Legende über
die steinernen Jäger, die die Christen verhöhnt haben. An der
Staufenkapelle dieses schier übernatürliche Weiß! Das Altarbild
zeigt die Verklärung Christi. Wir wandeln auf dem Gipfelweg
und genießen die abendliche Ruhe mit den anderen Hausgästen
auf diesem Himmelsthron. Am Chiemsee versinkt die Sonne.

Sternklare Nacht
unsere Heiligsprechung
durch das Bergmassiv

Blind

Dichter Frühnebel, von der Morgensonne beleuchtet! Nach dem Frühstück weicht er allmählich, und wir nehmen Abschied vom Gipfel. Steiniger Pfad durch Geröll und kleine Schneefelder zum Mittelstaufen. Einsamkeit und Angst empfinde ich. Mein Magen ist flau, mir wird schwindelig. Kleine Pausen. Gleichmäßig weiter zum Zennokopf und zum Zwiesel. Der Frillensee liegt tief unter uns. Wieder zieht Nebel auf, also rasch weiter. Mulden und Bergkiefern auf dem Abstieg zur Zwieselalm. Bad Reichenhall liegt inmitten blassgrüner Wellen. Nach ausgiebiger Pause abwärts über zahllose Steinstufen nach Jochberg. Ein jüngeres Paar nimmt uns im Autor nach Schneizlreuth mit.

Gipfeleintrag
drei farbige Steine
fürs Vatergrab

Zwei Seiten

Lange geschlafen und gefrühstückt. Auf der Terrasse des
Gasthauses genießen wir die Sonne und lesen. Immer wieder die
schönen hiesigen Gedichte. Blick auf die umliegenden Berge.
Mit einem anderen Gast sprechen wir über die Integration von
Flüchtlingen, über die Fremdheit anderer Religionen, des Islam
und des Judentums. Dass es weniger auf die jeweilige Gottheit
ankommt, als auf die religiösen Lieder und Handlungen, die die
eigene Gruppe zusammen hält und die Fremdheit der anderen
ausmacht.
Sprachenvielfalt und -verwirrung sind weitere Themen. Auch
Babylon. Neun biblische Verse nur, aber welch eindringliche
Geschichte! Neun Tore. Eines das Marduk-Tor. Marduk, der
Hauptgott von Babylon, spaltete die Göttermutter Tiamat. Aus
ihren Teilen formte er Himmel und Erde. Die alte matriarchali-
sche und die neue patriarchalische Kultur, könnte man meinen.
Das Ischtar-Tor. Ischtar war die wichtigste Babylonische Göttin.

Funkstörung
der Blick des Syrers
geht ins Leere

Rosa

Entlang des Weißbachs in die bewaldete Weißbachschlucht. Wie Jona im Bauch des Wales, empfinde ich. Über Treppen und Stege, an Gumpen vorbei und durch das zunehmende Rauschen der Wasserfälle. Der wuchtige Gletschergarten lässt noch einmal die Erdgeschichte gegenwärtig werden. Gletscherschliffe, Riesentöpfe, die durch Schmelzwasser entstanden, und riesige Findlinge. Die Bundesstraße über uns.
In Schneizlreuth die Mariahilfkirche. Sie hat einen lanzettförmigen Turmhelm aus Holzschindeln. Tibetanisch, denke ich. Bunte, im Wind flatternde Gebetsfahnen kommen mir in den Sinn. Eine Bergeinsamkeit.

Wildwasser
deine Strömung reißt mich
vom Stuhl

116

Stoamandl

Über die Saalach und den Haiderhof zur Aschauer Klamm. Viele
schmale Brücken führen über die Schlucht. Das wenig tiefe
Bachbett, in der Eiszeit wannenartig ausgewaschen, leuchtet
hell! Der Gebirgsbach schimmert türkisgrün. Auf dem schmalen
Pfad hinauf. Wie Schmuggler. Wir knien uns zu den duftenden
Alpenveilchen. Zwergenköniginnen sind sie, heilige Blumen der
Antike, um die sich viele Mythen rankten!
In Begleitung des Bachrauschens bis zur Aschauer Klause. Eine
Familie mit zwei Flüchtlingskindern bei der Jause. Auf dem
Rückweg steigen wir – beinahe entkleidet – im unteren Teil in
den eiskalten Aschauer Bach und legen uns langsam in eine
dieser Bachwannen. Umgeben von Zirben, Lärchen, Buchen,
Tannen und Fichten rauscht uns das Wasser um die Ohren. Blick
auf die Reiter Alpe. Ein dunkler Fisch flitzt vorbei.

Flacon
auf der Kommode das Bild
meiner Großmutter

Fernglas

Aufstieg zum Ristfeuchthorn. Auf halbem Weg liegt die Sellarn-
Alm, die eine kleine Kuhherde bewirtschaftet. Zwei junge,
freundliche Sennerinnen. Wir bekommen nach der Brotzeit ein
paar Lieder von der Almbäuerin auf der Ziach gespielt. Und sie
zeigt uns ihre Stickerei für die Querriegel von Lederhosen-
trägern. Das Licht in der Holzhütte ist nicht wirklich hell.
Auf dem folgenden Pfad hohes, weiches Gras am Berghang.
Neben dem Gipfelkreuz Alpenrosen und die Aussicht auf die
Reiter Alpe. Überhaupt die Fernsicht! Dankbarkeit über die
"Gipfelküsse", über unsere Gesundheit und Kraft, über die
lieben Mitmenschen und die Gastfreundschaft dieser Gegend.
Auf selbem Weg steigen und streifen wir zurück.

Murmeltierpfeifen
an der Felsspitze
die Geburt einer Wolke

Türspalt

Busfahrt zum Ramsauer Taubensee. Ein Blick auf Watzmann
und Hochkalter. Wir wandern zur kleinen Mordaualm. Ein
längerer steiler Waldanstieg mit weichem Boden. Vorbei an der
Lattenbergalm. Mitten auf der Wiese zutrauliche Kühe, eine hat
die grauschwarze Farbe und die Kopfform eines Wildschweins.
Über einen steilen Geröllpfad, der den Wald verlässt. Oben am
kahlen Plateau pfeift ein kühler Wind. Bäume sind umgeknickt
und abgesägt. Nach dem Weiterstieg rasten wir an der Moosen-
alm, sie ist ein Rundumkaser. Eine alte Form der Hütte, in der
die zentralen Räume − Küche, Vorrats- und Schlafraum − über
einen Steg erreichbar sind. Der Kuhstall verläuft im Haus außen
herum. Nachts kommen die Kühe auf die Weide. Der Dung wird
von den Sennerinnen weg gekehrt. Sie stellen den Käse selbst
her. Draußen wuseln drei Hühner herum. Der ruhige Blick einer
Kuh.

Feuerstelle
sie legt einen Zahn zu
bei der Erzählung

Blau

Ramsau im Nationalpark Berchtesgaden. Umrahmt von Watz-
mann, Hochkalter, der Reiter Alpe und dem Lattengebirge. Die
berühmte spätgotische Sebastianskirche an der Ramsauer Ache
und dem Ertlsteg! Hier zu stehen ist, wie aus einem Bild zu
steigen und lebendig zu werden. Mit Bachrauschen und Morgen-
wind. In der Kirche reiche Barockausgestaltung. Der Pfarrer
Joseph Mohr war hier eine kurze Zeit lang Aushilfspfarrer und
schrieb nach dieser Zeit den Text des Stille Nacht Liedes. Auch
der alte Friedhof lädt zum Innehalten ein. Der heilige Sebastian,
eine Wiederbegegnung! Gegen Mittag verlassen wir diesen
magischen Ort, gehen an einer Reihe ehrwürdiger Häuser vorbei
und durch den Zauberwald zum Hintersee. Am Ende des Sees
ein stiller Platz zur Betrachtung.

L a u f e n t e n
die Beifahrerin fuchtelt
a u s d e m F e n s t e r

Echo

Der fein benebelte Hintersee. Wir steigen auf zum Blaueisglet-
scher. Die idyllische Schärtenalm in einer Bergnische, eine Rast
in der windgeschützten Laube.
Glockenblumen zwischen den Wegrandfelsen. Dann ums Eck
der Blaueisgletscher, der nördlichste Alpengletscher! Auf der
Terrasse der Blaueishütte hohe und tiefe Blicke. Wir schwim-
men im Universum. Kletterer mit langen Seilen an den Felsen.
Nach der Mahlzeitpause steigen wir weiter, vorbei an einer alten
kleinen Hütte, zum kleinen Gletscher, der zwischen Blauseis-
spitze, Hoch- und Kleinkalter eingebettet ist! Wir berühren
ehrfürchtig den hellgrauen Schnee. Zurück in der Blaueishütte
erfahren wir über die wechselvolle Geschichte des Hauses
während der Kriegs- und Nachkriegszeit.

Edelweiß
die Wanderer sind enttäuscht
von der Verschmutzung

Strecken

Von der Wimbachbrücke in die Wimbachklamm. Die Wasserfall-
felsen wie haushohe Bären mit gefurchter Haut, gekippte Ge-
steinsschichten aus Jahrmillionen. Es tost ringsumher. Im Stein
findet man Ablagerungen eines urzeitlichen Sees, der die ganze
Schlucht bedeckte, erzählt uns ein Wanderführer. Die Stege
wurden zur Zeit des Holztriftens gebaut. Wie eng und tief, ge-
wunden und beklemmend. Im Wimbachschloss, das einst ein
Jagdschloss war, kehren wir ein, feucht und kühl geworden.

Krähennest
ich höre das Rufen
meines Vaters

124

Mittig

Früh morgens mit dem Bus nach Schönau und zum Königssee.
Noch herrscht halbwegs Stille. Mit dem Elektroboot nach St.
Bartholomä. Epische Klänge steigen in mir auf. Das Licht und
der klare See wie der Eintritt in ein Anderland!
Der Weg zum Funtensee führt am Ufer entlang aufwärts durch
den Wald mit atemberaubenden Blicken. Weidewege, von Fels-
brocken umsäumt. Mühsame Passage der steilen Saugasse mit
über dreißig Kehren zwischen den Felsen. Das letzte Stück zum
Funtensee. Im Kärlingerhaus eine längere Pause. Wieder auf den
Spuren der Wallfahrer. Das Steinerne Meer um uns. Kühl bläst
der Wind um die Felsen. Eine Gruppe jüngerer Leute vor uns.

Knarzende Planken
jeder Atemzug
eine Armlänge weiter

Smaragd

Am frühen Morgen auf Waldwegen auf den Grünstein. Hoch-
nebel in Auflösung. Ein paar Wanderer sind schon oben. Vom
schmalen Gipfel die Aussicht auf alle Berge der Umgebung.
Rechts das Kehlsteinhaus. Nach hinten der Watzmann und die
sich ständig ändernden Wolken um seine Gipfel.
Weiter zur Kühroïnthütte. Auf markierten steinigen Pfaden und
durch steile Kletterpassagen. Die Gedanken sammeln sich wie
Tropfen zu einem Rinnsal. Die Sage über den wilden König
Watzmann. Mittags am Watzmannhaus! Ein Hallo bei der
Ankunft. Große Freude! Wolken und Wind.

Schneeschmelze
ich löse mich l a n g s a m
a   u   f

Stramm

Vom Watzmannhaus moderat aufwärts. Der Steig wendet sich in
Serpentinen immer mehr nach links dem Gratrücken zu. Rechts
davon ein Felsaufschwung. Drahtseile helfen beim Grataufstieg.
Danach bleiben wir rechts der Gratlinie und steigen auf einem
Geröllpfad und über Schrofen bis unter den Hocheck-Gipfel.
Unsere Jause in einer Felsnische. Über plattige Felsen erreichen
wir den Gipfel mit dem kleinen Gipfelkreuz! Gegenüber ragt
steil und scheinbar unnahbar die Mittelspitze auf. Kalter Wind.
Tee und Kekse. Hüpfen und Kuscheln. In die Ferne tauchen.
Jetzt noch über den Grat zur Mittelspitze? Wir versuchen es!
Zum Unterstandshüttl hinab halten wir uns an den Sicherungen.
Auf der westlichen Gratseite bis vor den Steilaufschwung der
Mittelspitze. Weiter zu den Gipfelfelsen und auf die Watzmann-
Mittelspitze. Geschafft! Jubel! Rast und bedächtige Rückkehr
zum Watzmannhaus.

Tagebucheintrag
die Eloquenz
der Stille

Erfüllt

Abschied vom König der Berge. Langer Abstieg mit vielen Aus-
blicken. Auf dem Felspfad stürze ich, eine Prellung an der
Hüfte! Arnikasalbe. Jeder Schritt wird mühsam. Ein Familien-
vater hilft beim Abstützen. Zähne zusammenbeißen. Die schö-
nen Erlebnisse nicht überdecken lassen, sage ich mir. Das
Wertvolle auch am Wegrand finden. Wir legen Pausen ein. Ich
glaube, es geht besser. Wir wollten ohnehin in Schönau bleiben.
Endlich geschafft! Auf dem Balkon der Pension Ruhe finden,
lesen, Musik hören, reden und später einen Blaufränkisch
trinken. Der Watzmann wollte mich da behalten, lache ich. Die
Wanderung zur Königsbachalm und Gotzenalm lassen wir
morgen ausfallen. Ich bewundere im Zimmer einen Holzschnitt
von Fritz Richter vom Königssee.

Tritt ins Leere
die Last der
dunklen Wolken

Hingabe

Noch einmal über den morgendlichen Königssee nach St. Bartholomä. Der Nebel steigt auf. Die roten Kuppeln und Zwiebeltürme der Wallfahrtskapelle auf der Halbinsel. Der Grundriss ähnelt dem des Salzburger Domes. Der heilige Bartholomäus ist der Schutzheilige der Almbauern und Sennerinnen. Gerade sie leisten Großartiges, andererseits genießen sie eine naturnahe Arbeitsumgebung. Jedes Jahr schließt hier am Batholomäustag Ende August die Almer Wallfahrt ab. Sie ist die älteste Gebirgswallfahrt Europas!
Der schlichte Kirchenraum in Weiß und Rosa. Einige andere Gebäude in der Umgebung, darunter ein Gasthaus. Auf dem Fußweg zur Eiskapelle eine heilige Quelle: das verwunschene Fieberbründl. Die Anlegestelle füllt sich, wir fahren weiter nach Salet.

Junges Liebespaar
wie alt wir sind
in ihren Augen?

Wiege

Von der Saletalm entlang des Obersees. Wild romantisch, grünes
Wasser, in dem sich die Bäume und Felsformen spiegeln. Trich-
terförmiger Abbruch. Schmale Felsentreppen mit Hilfe meiner
Arnikasalbe. Hohe Luftfeuchtigkeit. Wie im Schoß der Erde!
Der Röthbachwasserfall ist das Einfallstor des Himmels.
Die Rast auf der Fischunkelalm ein Labsal. Ein älterer Mann,
Alt-68er, äußert seine Meinung über Politiker und die ungerech-
ten Verhältnisse hierzulande. Bei "den Politikern" würde ich an
seiner Stelle etwas differenzieren, denn es gibt auch die Selbst-
losen. Beim Thema Gerechtigkeit denke ich mir, dass Helfen
mindestens ebenso nützlich wie Kritisieren ist. Ich möchte ihm
nicht reinreden und denke stattdessen an meine eigenen
Vorsätze.

Salbeikäsbrot
die Gipfel steigen
uns zu Kopf

Pfützenduft

Bei Regen in Berchtesgaden. Die Klosterstiftung hieß im Mittel-
alter Berthercatmen. Das Geheimnis um den Namen bleibt:
Berthold oder Perchta? Die germanische Göttin, die vielleicht
keltischen Ursprungs ist, mit der nordischen Frigg zusammen-
hängt und auch als Frau Holle oder heilige Lucia bekannt ist?
Sie belohnt dem Mythos nach Fleiß und Güte, fördert das Ge-
treidewachstum und hütet die ungeborenen Seelen in Brunnen.
Das Königliche Schloss mit romanischer Basilika, gotischer
Halle, Renaissance-Sälen und barockem Südflügel! Das präch-
tige Schlossmuseum! In der Ostasiensammlung japanisches,
chinesisches und europäisches Porzellan.
Am Marktplatz die bunten Hausfassaden und bizarre Lüftl-
malerei. Viele Künstler waren hier. Auch Ludwig Ganghofer und
Henrik Ibsen.

Dichten
ich halte Gericht
über mein Ich

Meeresrauschen

Berchtesgaden, im ältesten aktiven Salzbergwerk Deutschlands.
500 Jahre. Wieder die Bedeutung des Salzabbaus. Barbarossas
Goldene Bulle wurde um eine Schürffreiheit auf Salz und Metall
ergänzt. Die Soleleitung lief zur Saline in Bad Reichenhall.
Mit der Grubenbahn fahren wir ein und über die Bergmanns-
Rutsche zur Salzkathedrale. Fahrt mit dem Floß über den ver-
spiegelten Salzsee. Lichtvorführung. Gewaltige Höhlen und
Tunnel mit ihren urzeitlichen Geheimnissen.

Verzweigt
der lange Winterschlaf
der Murmeltiere

Feiertag

An der Almbachklamm. Auf einer Bank eine Brotzeit mit dem
Sprechgesang des Gebirgsbachs. Am Kassenhäuschen werden
Fossilien, Halbedelsteine und Marmorkugeln aus Untersberger
Marmor angeboten. Diese entstehen in der Kugelmühle am
Klammausgang. In einer kreisförmigen Sandstein-Laufrille im
Zentrum eines Flügelrades werden sie vom Wasser getrieben
und dabei geschliffen.
Die gewundene Klamm. Schmale und feuchte Pfade zwischen
Fels und der Schlucht, auf neunundzwanzig Brücken, über
dreihundert Stufen. Allerlieblichste Veilchen in den rauen
Wänden. Die gletschergeschliffenen weißen Wasserbecken, das
Wasser leuchtet türkisfarben. Gottheit Natur! Sich selbst genug.

Orientierung
auf dem Nabel der Erde
der Weltbaum

Weiß

Bad Reichenhalls altes Salinengebäude über den seit der Vorge-
schichte genutzten Solequellen. Orientalisch anmutende Fenster-
und Torbögen. Die Solehebeanlage fördert das Salzwasser aus
dem einstigen Urmeer.
An der Ruine Karlstein vorbei wandern wir zum Thumsee und
zum Soleleitungsweg im Weißbachtal. Immer wieder tauchen
auf dem Weg die alten Metallrohre an der Oberfläche auf und
verlaufen manchmal in der Höhe auf nicht mehr ganz stabilen
Stützen. Rast in Weißbach beim netten Tankwart. Mit dem Bus
nach Inzell, Siegsdorf und Traunstein. Abends in Wolkersdorf.
Herzliches Wiedersehen!

Reiseleitung
wir legen Melkbecher
an die E
        u
        t
        e
        r

Im Dorf III

Wie lange?

Aufwachen in unserem Zimmer. Die verschwitzten Kleider dürfen in die Waschmaschine und duften nach dem Trocknen. Vierzehn Kälber wurden zwischenzeitlich geboren. Zum Seeweg, zum Badeplatz. Zwei Familien liegen, lesen und baden. Die Kühle des Wassers umschließt uns. Wir tauchen unter zu den Rotfedern. Hinaus bis zur Stelle, von der aus man die fünf Kirchtürme ringsherum sieht. Gänse fliegen auf. Die Kulisse von Untersberg, Hochstaufen, Zwiesel und Teisenberg. Neben der Bank die Esche, wie sie uns aus den Mythen als Lebensbaum und Feuerspender zuflüstert.

Quintessenz
über uns der
Sternschnuppen
r
e
g
e
n

Dunkel

Am Abend wird eine Mondfinsternis erwartet. Es dämmert.
Über einem Hofdach geht er auf, der Blutmond! Wir sind bei
den freundlichen Nachbarn eingeladen. Trommelschläge sind zu
hören. Im Garten entdecken wir ihn! Den jungen Nigerianer!
Welche Wiedersehensfreude! Ein Feuer ist entfacht, Freunde
unterhalten sich auf gepolsterten Sitzsteinen. Erzählen von der
Flüchtlingsbetreuung. Ein Buffet und Getränke sind aufgetischt.
Wir trinken und feiern mit Wein aus der Südpfalz.

Silberschale

die Flügelschwünge

deines Atems

Tempel

Tagsüber ruhen, lesen, schreiben und schwimmen wir. Abends
das Konzert von Joseph Haydn, die Nicolai-Messe mit dem Kir-
chenchor in der Martinskirche in Waging. Die festliche Musik
lässt unsere Wege, die Felsen, Almen und Gipfelaussichten
intensiv nacherleben. Glückstränen.

Zwei   Zöpfchen
mit dem Geigenkoffer
zum   Konzert

Malstunde

Überall in den Gärten blüht der Rote Sonnenhut, Echinacea.
Diese makellose Anordnung des stachligen Blütenstands! Und
die Blütenblätter in meiner Lieblingsfarbe! Warum lieben wir
Regelmäßigkeiten so sehr? Ist es Ordnungsliebe? Oder intuitive
Gesundheitsbeurteilung? Gleichwohl, sie faszinieren und ziehen
die Blicke magisch an. Echinacea ist eine alte Heilpflanze bei
Erkältungen und Wunden. Ich lege meine Hand auf die igel-
spitzen Spreublätter des Blütenstands, um den Abdruck zu
spüren.

Behaarte Brust
das Muster auf meiner
Wange

Froschkönig, Erlösung

Der große Second-Hand-Laden in Waging. Ein Paradies für
Kleiderfreunde, Trachtenliebhaber und Büchernarren. Voraus-
gesetzt, man hat nichts gegen Gebrauchtwaren. Kinder begeis-
tern sich für Gummitiere, Mütter für Märchenbücher und Väter
für Dirndl. Ich finde ein Buch über den Maler Julius Exter.

Enzianblüte
Versinken in seinen
Farbschichten

Ich lese auf einem Infoblatt über Bernhard von Waging, den
benediktinischen Reformer. Abkehr von Begehrlichkeiten und
Geräuschen, Lauschen auf die Stille, Demut vor der Schöpfung.
Vertrauen auf die Eingebung der Gedanken.

Eidechse
Versinken im
Schatten der Fichte

Schlängeln

Mit einem Jungen und einem Mädchen aus dem Dorf rudere ich am Ufer entlang Richtung Kühnhausen zu einer Limonade. Das Mädchen möchte unbedingt auch rudern, doch die Ruder sind ihm recht schwer. Es kann die Richtung noch nicht abschätzen. Wir mäandern ins Schilf und wieder auf den See hinaus. Jedes mal mit großer Belustigung. Ich lese ihnen Gedichte von Anton G. Leitner vor: *Umananda doa* und *Ausufan*. Es klappt schon ganz gut mit dem Bayerischen. Dann übernehme ich wieder das Ruder und sie zeigen mir die Richtung.

Wellenbrecher ~~ wohin es uns treibt ~~ das Leben

Wegzehrung

Früh morgens nach Tengling ins ruhige Seebad. Am Wiesenrand
beim kleinen Wasserzulauf blüht der Blutweiderich und nährt
zahlreiche Kohlweißlinge. Der Tagmond scheint durch den Rah-
men des aufgehängten Keschers. Ruhig ziehen wir unsere Bahn
durch das Wasser. Baden in den Erlebnissen und Erinnerungen.
Vormittags besuchen junge Familien den Seestrand.

Mutterboden
Millionen von
Mikroben

Vollendet

Auf der Kinderschaukel am Bauernhof. Hin- und Herschwingen
wie ein Pendel, das sich um eine Mitte bewegt. In der Mitte
herrscht Gleichgewicht. Im Zentrum wird die eigene Schwere
leicht. Die Mitte ist wie ein Magnet oder Trichter. Das Rauschen
in meinen Ohren und die Fahrgeräusche der Bauern steigen hoch
über meinen Kopf und verfangen sich im kleinen Walnussbaum.
Wie ein lockeres Gewebe aus langen Spinnfäden. Ich erfasse die
Ufer des Waginger Sees. Das diesseitige und das gegenüber
liegende.

Kräuerwanderung
das zweite Leben einer
Heugeige

Am Abend wird gemeinsam gegrillt und erzählt, von heute, von
früher, von der großen und der kommunalen Politik.

Schichtsalat
gute und schlechte Zeiten
gehen vorbei

Grüne Woche

Eine Kutschfahrt von Dürrnberg über Feldwege am Waldrand,
an Wiesen und Weilern vorbei. Außer uns sitzen noch zwei
Familien auf dem Wagen. Bedächtig geht es voran. Die Räder
ruckeln und poltern über die unebenen Wege. Die kleinen
Kinder auf dem Wagen sind glücklich. Ab und zu kullert eine
Trinkflasche von der Bank. Bergab schreiten die beiden Pferde
rascher. Wir sehen Rehe in Getreidefeldern und Katzen im Gras.
Der jugendliche Sohn der Kutscherin lässt sich eine Zeitlang auf
dem Fahrrad mitziehen bevor er wieder abdreht. Die Kutscherin
erzählt, dass sie nach Berlin eingeladen wurde.

Brunnentränke
eine Pause zwischen Kindergarten
und Friedhof

Durchdrungen

Auf den Fahrrädern auf kleinen Landstraßen zwischen Götzing und Fridolfing. Wir kommen an Weilern mit seltsamen Namen vorbei: Lixen, Umundum und Neunteufeln. Vielleicht keltische Namen? Der Keltenstamm der Noriker lebte hier. Göttermythen und Fürstengräber fallen mir ein und die Stahlherstellung für die Römer. Wie viel von der Vergangenheit noch zu uns herüber reicht?

> Halb zog es ihn
> halb sank er hin
> und ward nie mehr gesehn

In Fridolfing findet auf dem Festplatz der Holzmarkt statt. An zahlreichen Ständen wird Handwerkskunst aus Holz und Keramik präsentiert. Mein Freund kauft sich perkussive Holzlöffel und ich ein verziertes und türkis glasiertes Schälchen. Wir bewundern die riesigen Körbe und die fleißigen Helfer der Feuerwehr. Bei Bratwust und Bier ergeben sich gleich Gespräche mit den Tischnachbarn. Wir lieben die freundliche Gelassenheit der Menschen hier.

Behütet

In älteren Landkarten findet man vor Fridolfing Seerosenteiche
eingezeichnet. Vielleicht waren sie früher ein Anziehungspunkt
für Feriengäste, der den Besitzern nicht recht war. Denn in
unserer Karte sind sie nicht vermerkt.
Rechts, links und hinter dem hölzernen Verkaufsschuppen sind
die weitläufigen Wasserbecken abgezäunt, aber zu beiden Seiten
neben dem Anfahrtsweg kann man die vielen Teichrosen in Rot,
Rosatönen, Weiß und Gelb ganz aus der Nähe bewundern. Auch
einige Lotusblumen strotzen vor Kraft und Farbe. Libellen
lassen sich auf den Blättern nieder und Frösche schützen sich
unter ihnen vor der Hitze.

Schlingpflanzen
verfangen in den Nöten
der anderen

Vielleicht doch?

Auf der Terrasse des Rother Dorfrestaurants. Am Tisch an der Hauswand haben sich zehn Musiker versammelt. Mehrere Gitarristen, ein Kontrabassspieler, eine Zitherspielerin, eine Frau mit Okarina und Holzlöffeln, ein Posaunist, zwei Ziachspieler, die auch singen. Sie alle spielen gemeinsam Volksmusik. Eine angenehme Lautstärke. Dazu Gespräche mit den Tischnachbarn. Die meisten Stücke sind Tänze. Polka, Landler und Zwiefacher. Bei denen sich früher auf den Kirchweihfesten die jungen Leute näher kamen, bevor sie ein Leben lang zusammen blieben. Manche Lieder gehen zu Herzen.

Green Camping
die Karten fürs Metal-Festival
ausverkauft

Triefen

An zwei Regentagen ruhen wir uns aus, lesen und schreiben,
kochen und trinken Wein am Abend. Unsere Wirtsleute mit ihren
hundert Milchkühen müssen an jedem Tag des Jahres arbeiten,
und während der freien Stunden hüten sie die Kinder und führen
den Haushalt und den Betrieb weiter. An der Türe der Milch-
kammer klebt ein Aufkleber: „Wir arbeiten das ganze Jahr für
ein Taschengeld. Wir haben es nicht gewollt, es ist einfach so
gekommen". Dazu lacht und tanzt das das abgebildete Bauern-
paar. Wie schön wäre eine Umstellung auf Gemüse oder Perma-
kultur, denke ich. Ich habe ein schlechtes Gewissen, weil ich
wochenlang wandern, besichtigen, Fahrrad fahren, Essen gehen
und meditieren kann.

Fraisenkette
wir fädeln unsere Tage auf

Fingerstricken

In unserem Haus wohnt auch eine Gruppe Jugendlicher. Vier übernachten in der kleinen Wohnung im Ferienhaus. Einer von ihnen ein paar Häuser weiter, drei junge Leute leben hier im Dorf, zwei weitere Mädchen sind aus dem Nachbardorf und zwei Freunde sind zu Besuch. Zwölf Jugendliche schwirren umeinander, klettern auf die Heuballen und ratschen dort weiter.

Wolle aufwickeln
langsam löst sich
der Knoten

Karneolrot

Abendbesuch bei Bekannten in Dürnberg. Der Untersberg,
Hochstaufen und Zwiesel vom Balkon aus im feinen Abend-
dunst. Unter uns im Gärtlein ein Apfelbaum und eine Liege. Wir
genießen Kuchen und Rotwein. In der Dämmerung tappt ein
Igel auf der kleinen Wiese herum und verschwindet in den
Büschen. Ein zweiter schiebt auf der unteren Terrasse geräusch-
voll eine Metallschüssel vor sich her, bis beide an einem Pfosten
zum Stehen kommen.

Jessas, Maria un Josef!
der Aufprall eines
Sterns

153

Spiegel

Ich lese in der Wochenzeitung einen längeren Artikel über
Stress. Die wichtige Unterscheidung zwischen gutem und
schädlichem Stress. Der gute Stress als Herausforderung und
Abenteuer. Dagegen steht die Langeweile eines völlig stress-
freien Lebens. Ich überlege, ob das die ganze Wahrheit ist. Was
ist mit Loslassen und Meditation? Welche Rolle spielt die
Kultur, in der die Menschen leben, in Skandinavien oder in
Fernost?

Sorgen
wir werfen Zettel
in den Bach

Verbannung

Noch einmal ins Schönramer Filz, um mit ein paar anderen
Frauen Blaubeeren zu sammeln. Im Wald schlängeln sich die
Saumpfädchen ins Dickicht. Die Eimerchen füllen sich.
Stechmücken freuen sich ebenfalls über Beute, ich bin
anscheinend die einzige ohne Insektenspray. Sie verfolgen mich
mit ihrem hohen Summton. Ich nehme Reißaus, immer
schneller, bis zu meinem Fahrrad. Alleine fahre ich ins Dorf
zurück.

Sonnenuntergang
der Traum vom zweigestrichenen C
geplatzt

Herrenlos

Fundsachenversteigerung im historischen Lokschuppen in Frei-
lassing. Aufsehenerregend die Zahnraddampflok Schafbergbahn,
die Güterzug-Dampflok 41 018, die 1939 von Henschel in
Kassel gebaut wurde, und viele andere Lokomotiven, Fahrzeug-
teile, Signale, Stellwerke und Gleisbauanlagen. Die Fundsachen-
versteigerung dauert einige Stunden lang. Verschiedene Koffer
mit Gemischtwaren darin, Jacken, Pullover, Fahrräder, Smart-
phones. Mein Freund ersteigert sich einen kleinen Koffer mit
hundert Musikkassetten. Er wird ihn nach Hause versenden.
Nach Hause …

Übersiedlung
der Verbleib meiner Puppe
unbekannt

Geschützt

Ein kühler Regentag. Wir unternehmen nicht viel, warten den
Mittag ab und spazieren nachmittags bei Regen in unseren
Ponchos zum See. Unter den Umhängen kann man sich gut
umziehen. Rasch ins Wasser, eine Klopfmassage auf Gesicht
und Kopf. Tausend Tropfengipfel auf der Wasseroberfläche und
dazu das leicht klirrende Geräusch des Regens.

Das Echo
in unserer Bucht
ein Eisvogel

Schattierung

Ein Kleintiermarkt in der Nähe von Palling. Tauben, Enten,
Wachteln, Legehennen, Rasse- und Zuchthühner, Enten, Gänse
und Gänseküken, Stallhasen, Kaninchen, Meerschweinchen,
Wellensittiche und Kanarienvögel. Kleintierzüchter, aber auch
Familien bieten ihre Tiere zum Kauf an. Fachsimpeln über
Haltung und Pflege. Die Hühner werden nach dem Kauf unter
den Arm genommen. In einer Nische steigt Bratwurstqualm auf.

Zwei Schritte vor
          die Larve der Mistbiene
                    zieht Aquarellspuren

Wiedersehen

Abends das Klubfest im Dorf. Vor und in der Hütte zahlreiche
Anwohner und Gäste. Draußen der Grill und der Speisenver-
kauf. Innen die Getränketheke. Wir drücken uns zu einem
fränkischen Paar, das seit vierzig Jahren auf den nahen Zeltplatz
kommt, um den ganzen Sommer über die Landschaft und die
Ruhe zu genießen. Zwei achtzigjährige Musiker spielen zünftige
Musik. Ausgelassene Stimmung bei Geschicklichkeits- und
Trinkspielen wie Maßkrugstemmen, Bierrutsche und Ziel-
werfen.

Spielbrett

über das   Ziel hinaus

du und ich

Bö

Mariä Himmelfahrt! Sagenumwoben der Flug der Apostel an ihr Totenbett, Jesus, der die Mutter aus dem Grab herausruft und ihre Seele als Wickelkind nimmt, sowie ihre leibliche Aufnahme in den Himmel. Angeblich von Kaiser Augustus initiiertes Fest nach der Eroberung der letzten Pharaonin Kleopatra. Das Ende der matriarchalischen Gesellschaften und Religionen. Zugleich die Wiederbelebung von Maria als Nachfolgerin der Isis. Hingabe an die Kultfrau während der Lieder. Feierliche Messe mit Prozession. Kräuterbüschel und Kränze mit Johanniskraut, Eisenkraut, Beifuß, Wermut, Schafgarbe und Tausendgülden-kraut wurden in den letzten Wochen gebunden. Die in Tracht gekleidete Blaskapelle, die Mädchen mit Kräutersträußen.

Spinnennetzrad
sie will noch einmal
ihre Enkel sehen

Heimreise

Schwarz

Abschied von den Dorffamilien. Wir treten die Heimfahrt an.
Dachau. Auch dieser Aufenthalt ein Teil unserer Reise.
Unermessliche Tristesse in der KZ-Gedenkstätte. Das Elend und
Sterben der Tausenden! Stacheldraht. Gaskammern. Kremato-
rium. Verbrennungsöfen. Mir wird schwindelig. Das Grauen
übermannt mich. Ich wage kaum zu atmen. Der Geruch.
Moleküle. Die Skulptur. Und die Fotos: Angstverzerrte
Gesichter, Leichen und Knochenhaufen.

Wimpernschlag
die größte Kostbarkeit
meines Lebens

Ich lese Gedichte von Michael Groißmeier, der hier lebt. Bei
dem Gedicht vom bitteren Apfel bleibe ich hängen. Ich lese es
wieder und wieder. Ich schmecke das Gedicht, es wird Teil von
mir.

Kohlestaub
die Tauben auf der Leitung
gurren die selbe Melodie

Vereint

Nach Planegg. Ein Wallfahrtsort. Das kleine Kloster der Augus-
tiner Maria Eich. Ein Kreuzweg von Sendling bis hierher! Die
Genesung einer Taglöhnerin begründete einst die Marienwall-
fahrt. Die Kapelle wurde um eine hohe Eiche gebaut, die aus
dem Dach heraus schaute. Doch ein Blitzeinschlag zerstörte die
Krone. Das Kapellendach wurde geschlossen, der Stamm später
in einem Rundbau hinter Glas gestellt. Ein Platz für Versenkung.
Die Verschmelzung von Religion und Natur. Dankbarkeit üben.

Vergin tutto amor
ich singe noch einmal
für mich

An der Würm entdecken wir das Denkmal an den von der SS
überwachten Marsch der Tausenden Häftlinge aus dem KZ
Dachau. Hubertus von Pilgrim schuf an der Marschroute 23
gleiche Skulpturen.

Sara   die Verheiratung   mit allem Leben

Wachs

Der Heimatdichter Wilhelm Dusch starb 1927 in Planegg.
Er schrieb von sich selbst:

I' bin a kloaner Dichter,
Dös sell, dös is mir klar,
Koans von di großen Lichter
Im Dom am Hochaltar!
A' Kirzen nur a kloani
Drauß' in da Waldkappell'n,
Bin i' und leucht alloani,
Den Raum kann i' erhell'n.

Kleine Kerze
im Wasserbad zu neuem Leben
verschmolzen

Ganz anders

In Planegg lebte Karl Valentin in seinen letzten sieben Lebens-
jahren in einem schönen Haus mit Garten. Erst vor wenigen
Jahren starb seine Enkelin hier. Auf dem Friedhof seine beschei-
dene Grabstätte. Der große, beinahe vergessene Komiker!
Wortakrobat. Volkssänger. Musiker. Verwandlungskünstler.
Asthmatiker. Liebhaber. Sammler. Clownesker Melancholiker.
Handwerker. Herzensguter Großvater. Die berührenden Erzäh-
lungen seiner Enkelin Anneliese. Wärst du auch gern so
schrullig?, frage ich dich. Man kann nur schwer aus seiner Haut,
sagst du.

Fremder in der Fremde
die Übersetzung von
„Pilger"

Siegelring

Fahrt nach Hause. Frohes und dankbares Wiedersehen!
Nachmittags auf der Terrasse und Bewunderung unseres
Gartenurwalds. Unser Häuschen wirkt nach den vielen Weit-
blicken noch kleiner. Wir richten uns langsam wieder ein.
Morgen und in den nächsten Tagen. Sichten Fotos, Notizen,
Skizzen und die Post. Einen edlen Winzersekt am Abend.
Ankommen daheim. Wie lange unser neues Leben wohl neu sein
wird?

Schmuckkörbchen
ein Wiedersehen
hinter den Bergen